杨同柱 海剑 著

女性涉情犯罪深度调查

红颜泪

清华大学出版社
北京

本书封面贴有清华大学出版社防伪标签，无标签者不得销售。

版权所有，侵权必究。举报：010-62782989，beiqinquan@tup.tsinghua.edu.cn。

图书在版编目（CIP）数据

红颜泪：女性涉情犯罪深度调查/杨同柱，海剑著. —北京：清华大学出版社，2023.9
ISBN 978-7-302-64683-9

Ⅰ.①红… Ⅱ.①杨…②海… Ⅲ.①女性－犯罪心理学－研究 Ⅳ.① D917.2

中国国家版本馆 CIP 数据核字 (2023) 第 185480 号

责任编辑：刘　晶
封面设计：徐　超
版式设计：方加青
责任校对：王荣静
责任印制：刘海龙

出版发行：清华大学出版社
　　　　网　　址：https://www.tup.com.cn，https://www.wqxuetang.com
　　　　地　　址：北京清华大学学研大厦A座　　　邮　　编：100084
　　　　社 总 机：010-83470000　　　　　　　　邮　　购：010-62786544
　　　　投稿与读者服务：010-62776969，c-service@tup.tsinghua.edu.cn
　　　　质 量 反 馈：010-62772015，zhiliang@tup.tsinghua.edu.cn
印 装 者：河北鹏润印刷有限公司
经　　销：全国新华书店
开　　本：170mm×240mm　　　印　　张：13.75　　　字　　数：224千字
版　　次：2023年11月第1版　　　印　　次：2023年11月第1次印刷
定　　价：69.80元

产品编号：102077-01

序
关注飘零的她们

伴随着内心的震颤，我们完成了纪实文学《红颜泪——女性涉情犯罪深度调查》一书的写作。掩卷沉思，心潮久久不能平静。

十余个真实案例中的当事人，绝大多数处在人生的花季，有的才刚刚涉足社会。无情的铁窗关住了她们的躯体，关住了她们的心灵，也关住了她们对未来的美好憧憬：现实是多么残酷！有道是"青春无悔"，但她们的青春又在哪里呢？阅罢案例，谁能说她们不是罪有应得？究竟是物欲还是情欲，使她们跌进了人生欲望的深渊，从而为社会，为他人，也为自己酿造了一杯难以下咽的苦酒？她们在葬送了他人的同时，也无情地埋葬了自己的人生。

在写作过程中，我们努力透过纷繁芜杂的社会现象，走进一个个女性犯罪人的内心世界，多侧面、多角度地从她们的心理层面挖掘女性犯罪的社会动因。从对无尽的贪欲、畸变的情欲，以及贫困、家庭暴力等传统的表层现象的研究，延伸到崭新的、更深层次的领域。本书提出了发人深思的问题：当前女性犯罪危害后果之严重，较一些男性犯罪有过之而无不及。与男性相比，女性更易被激怒，行事更加不顾后果，更缺乏男性瞻前顾后、深思熟虑的心理过程。为什么会这样呢？这个问题似乎还是个难以解开的谜。由此可知，研究女性犯罪的心理动因是多么迫切，多么重要，又是多么亟待开发的课题！我们选择了这一独特角度切入,为人们提供了一个个生动的案例,给研究者以及普通读者提供了引以为戒的反面教材。

完成每一个个案采访、调查的过程中,我们都会清楚地看到社会以至家庭本身所酿成的悲剧及这些悲剧的根源。有些令人发指的罪行,竟然产生于我们每天置身其中的家庭、学校或工作岗位上。在这些女性犯罪人撕心裂肺的痛苦背后,在冷冰冰的卷宗里,隐藏了太多我们应该知晓却尚未知晓的事情——女性罪犯的身边往往伴随着这样那样的社会问题:父母之间关系的破裂、金钱和物质欲望的诱惑、感情的欺诈、家庭的暴力,等等。现代社会转型、价值观的冲突、社会对于家庭的疏离以及普遍的孤独情绪等等,是促使她们走上犯罪道路的社会因素。

这些女性罪犯特别敏感,她们的感情十分脆弱,可同时又充满着自尊。总体而言,她们往往是社会的弱势群体,游离于主流社会之外,在饱受歧视、欺诈的同时,她们所寻求的无非是她们本应该得到的东西——合法的收入、做人的尊严和平等的感情。

正如我们所看到的,因为家庭暴力、婚外情所导致的故意杀人、严重伤害等暴力犯罪及其后果不容忽视。有些悲剧原本是可以避免的,问题出在冷漠的外部环境,还有一些冷漠的人群——对于这些失足女性的痛苦、绝望以及她们的生活方式,她们周围的人往往视而不见,置若罔闻。

因此,本书所探讨的不仅是预防和减少女性犯罪的问题,更重要的是改变社会各个层面对女性犯罪问题的态度:我们应该有足够的勇气来正视这个不幸的社会问题,从某种层面上讲,无法完全开脱社会的责任。

也许,这就是本书给我们的第一个启示:一个人的堕落往往要经历一个长期而缓慢的过程。在这个过程当中,作为家长、亲戚、朋友、领导(对于未成年女性来说,还包括她们的师长),完全可以通过许多征兆察觉出来,从而及时采取措施,为避免悲剧的发生提供必要的帮助。本书给我们的第二个启示是:社会管理层面应该健全对于各类犯罪,特别是弱势群体犯罪的预防机制;这种机制越健全越好,越迅速越彻底越好。满足于把犯罪者监禁起来——这是一种目前广为流行的做法——实际上是一种犬儒主义的做法。不管对女性犯罪的防范会碰到什么样的困难,作为立志建设法治社会的国家必须动员整个社会的力量来参与这一工作。

需要特别说明的是,我们并不缺乏预防、打击和感化犯罪者的经验,我们完全可以让这些失足者从堕落的深渊中重新站起来。当然，这种感化的过程往往要比失足者堕落的过程长得多，想要完成这项工作更非易事。例如，这些问题的解决并不是仅仅通过所谓加大打击力度就能奏效的。了解这些女性堕落的真实缘由，她们的自我叙述要比那些所谓的专业分析研讨更加有说服力，更能使我们了解到这些犯罪行为背后的深层次原因。也许正是由于这个缘故，本书关于女性犯罪心路历程的深度调查，有着更为实际的价值。

得益于检察官的身份，我们有机会接触并了解这些女性犯罪案例，感谢北京市各级检察机关、公安机关、审判机关给予我们采访、调查方面的条件，感谢那些给予我们完成每一个个案调查的相关人员……

最终形成的这些文字当然不是学者书斋里的坐而论道，在本书中，我们力求用平实的语言、纪实的内容、冷静的分析，和读者一道研究和关怀女性犯罪问题，让这些女性，以及她们的家庭，她们所处的社会，不再受到伤害。苟能如此，家庭幸甚，社会幸甚。

目录

1 因"爱"泄露了国家机密

简单的履历背后是不懂得生活　004

对爱的欲望早已潜伏　006

了解外部世界时,陷入了莫言的纠结　010

甜蜜的交往,蒙蔽了本该警惕的双眼　013

梦醒后,才发现早已饮下他藏好的毒　016

2 蜕变的蝴蝶

第一感:宽大的囚服和美丽的女子　022

心态:"完美"的家里没有自己要的幸福　023

如此爱:为塑料瓶盖的戒指献出了第一次　025

如此觉醒:不想一辈子这样　029

荒唐理论:美丽就是女孩子最大的资本!　031

得意的实践:游戏男人,游戏人生　035

迅速蜕变:名副其实的"商业间谍"　037

一个女警察眼里的同龄罪犯　043

可怕的"木桶效应"!　046

3 情诱之罪

17岁的那个晚上　051

上大学后,早开的爱情之花凋谢了　052

网恋,降临在我身上的一场厄运　054

在人生的障碍赛上,又一次被绊倒了　057

放纵的沉沦,在罪恶的旋涡越滑越远　059

温柔陷阱下,多少青春梦碎?　062

4 与行贿巨商的孽缘

升温：由朋友发展成情人 073

生隙：失去"爱的结晶"，两人开始争吵 075

恶化：高官落马恐惧被牵连，情感关系日趋病态 076

了断：120刀终结"孽缘" 079

5 疯狂错爱，"野鸳鸯"获重刑

难耐：情感寂寞的女人，送沙场演绎"最浪漫的事" 086

沉沦：暴力和警告没能阻却"火热恋情" 089

"先手"：迷昏亲夫，毁尸灭迹 092

警示：莫做情欲的奴隶 095

6 以暴易暴，父女"接力"杀婿

残忍：女儿家里砍夫婿，父亲医院杀女婿…… 99

招婿："倒插门儿"的小伙让老丈人全家乐开怀 100

生变：女婿脾气越来越大　101

崩溃：弱女子暗夜里抄起了菜刀　103

"义举"：老汉干脆先下手　106

收场：父女同堂受审，惨剧谢幕　108

7　"缘"成"孽缘"，弱女子"围城"杀戮

探因：弑夫案件为何频频发生？　113

锤杀：难以摆脱无尽的暴力侵害，弱女子杀夫　114

起源：都是生女儿惹的祸！　114

家庭暴力竟然残忍到不可想象的程度　115

离了婚，还是摆脱不了恶魔前夫　116

解脱：锤杀前夫，她感到了从未有过的自由　117

认命：弑夫难道就是命中注定？！　118

拷问：悲剧为什么无法阻止？　122

问题：家庭暴力的阴影下，家庭战争在升级　125

对策："围城"内暴力的结如何解？　128

目录

8 灭门弑亲，血案拷问良知

出轨：偏偏喜欢上了打工妹 133

变心：同居、怀孕、下岗，狼子野心蠢蠢欲动 136

密谋：用家人的命换钱 137

歹毒：连亲生女儿都不放过 140

报应：难掩滔天罪行，歹毒男女双双获死刑 142

9 悲剧恋情引发的杀子案

轻信："这个男人曾许诺给我一个幸福的将来" 146

背弃：我没有离开他，他却离开了我 147

报复：爱得如此轻率，恨得如此糊涂 148

可悲：拿什么安抚你滴血的心 150

10 末路情仇，打工妹上演"相煎"活剧

轻率：小老板无事献殷勤，打工妹有意托终身　156

真相：负心汉再觅新欢　158

火上浇油：三奶春风得意，旧恨添新仇　166

穷途末路：二奶走入了"死胡同"　167

呼唤：该怎样拯救沉沦的月亮？　170

11 错乱情性，蛇蝎女人演绎罪恶情史

报案：冬夜，路边趴着个"喝多"的人　176

突破：一个电话把侦查引向新天地　178

揭开谜底之一：她让老情人杀了新情人　179

揭开谜底之二：她让情人杀了丈夫　183

揭开谜底之三：日久生厌，狠心女人唆使情夫杀情夫　187

最后的"约会"：奸夫淫妇法庭相见　190

审视：让自私的灵魂重新解读人性方程　190

12 "完美"情杀,空姐雇凶杀男友

迷恋:原以为找到了爱的归宿　196

阴霾:子女债、婆媳怨纠缠不清,同居生活出现危机　197

报复:难堪分手的要求,她决意让他尝尝厉害　199

悲哀:雇凶杀人,佣金竟然要被害人付　200

因"爱"泄露了
国家机密

郝修平，女，38岁，北京某科研机构副研究员。因泄露国家机密被判处有期徒刑四年。

整理完郝修平的故事，我的心情无疑是复杂的。在我近十年的采访中，接触到的利用情感进行诈骗或者达到不法目的的案件还有很多，但我始终觉得郝修平的案件比较典型。

由于种种原因，类似的案件还在发生着——一些人还在不断地成为害人者、被害者，我真的不知道这种状况何时才能终结。

知道郝修平案件是因为一个很偶然的机会。同学们在一起聚会，大家走出校门，彼此分开有十年了，许多人好长时间都没见过面，乍一看都快认不出来了。大家聚在一起，真是又高兴又激动。回想起当年的生活，回想起那些一起走过的日子，大家感慨万分。席间，大家相互介绍自己的事业发展和家庭情况，诉说着人生的欢乐与痛苦。

当我说到自己正在做一个关于现代城市女性犯罪的系列调查时，当年同宿舍的同学马上接口道："是吗？我们单位发生过一件这方面的案子，你肯定会有兴趣。"我示意他继续说下去，他便说自己的单位是一个物理研究所，所里有一个女副研究员叫郝修平，毕业于北京一所挺有名的大学的物理系，还是博士，在他们所里很有名，36岁就提了副研究员，成绩很突出，可因为泄露国家机密被国家安全机关抓了起来。据说她向国外的间谍组织泄露了所里的属于国家机密的有关情报资料，检察院已经以泄露国家秘密罪对她提起公诉。"大概是2004年判决的，目前在监狱服刑。你可以去采访采访她，我觉得这案子挺有代表性的。说实话，当时我们所里的人都不相信这事，因为这确实太突然了。她平时很出色的，简直可说是前途无量，真有点不可思议。"

回想起这个案件，我那位同学一边说一边不住地摇头。

"解个谜，好让更多的人知道她为什么会那么做，我们自己以后也好提防点，就算是'前车之鉴，警钟长鸣'吧！"他拍了拍我的肩膀，半认真半开玩笑地说。

高学历女性犯罪现象正是我当前研究的一个重要课题，我立刻意识到这个案子的重要性。问明情况后，我马上找到了当年受理此案的北京市人民检察院第一分院。负责起诉郝修平案的检察官向我介绍了一些基本情况。由于此案涉及国家机密和个人隐私，当时没有公开开庭审理。

简单的履历背后是不懂得生活

采访请求获准后，在北京市大兴区某监狱会客室，我见到了郝修平。她给我的第一印象与我先前设想的那个形象完全吻合。中等个儿，偏瘦，显得有点虚弱。头上已经能见到不少白发，鼻梁上架着副金边眼镜，不是很漂亮，但是穿着非常整洁，举止也很文雅，浑身上下都透出一股女性高级知识分子的特有气质。我真的很难把眼前的这个人跟头脑中"罪犯"的概念联系起来。

我们握了一下手，然后隔着桌子面对面坐下。我突然感到一种前所未有的紧张。郝修平的学历比较高，出事之前，她的社会地位也比较高，要是我早些时候认识她，肯定不是采访她的犯罪心理，而是报道她的成功事迹了。世事就是这样变幻莫测，捉弄人。我了解了郝修平过去的辉煌，她那条从小学、中学、大学、再到硕士、博士、博士后直至女科学家的人生之路正是很多人儿时的梦，那是我们为之奋斗的最高目标。所以，我从心底就钦佩她。

我不断提醒自己，我的表达和举止必须非常得体，一定不能有辱斯文，必须在充分尊重的基础上完成采访任务。而且，更为重要的是，绝对不能让她把我的尊敬误以为是对她的同情，甚至是恶意的嘲讽。

我称呼她"郝老师"，接着说明了自己的来意。她迟疑了一会儿，看了我一眼，然后点了点头。

"我18岁那年考上的大学，读的就是物理专业。我家在农村，没去过农村的人真是不知道那时候农村的苦。我从小学习成绩就很好，因为我实在不想在那块儿地方待下去了，所以就拼命地读书，下了狠心要考出去。我父亲挺开明的，没有说因为我是个女儿就不让我读书，他看我努力的样子很高兴，就说我一定会考上大学，为家里争光。于是，他就勒紧裤腰带供养我。父亲是前年去世的，一生劳累过度，就是为了我们几个儿女。他临终的时候，一直念叨着我的名字。他已经说不出话了，但我知道他想说的话。他很幸福，因为女儿为家里争了光。可是，他哪里能料到我竟然会有今天呢！"

我明显感到郝修平的鼻音浓重起来。她摘下了眼镜，擦了擦眼睛，又把眼镜戴上，尽管愧疚、感伤，但一切又是那样的从容、平静。

"我上大学的时候，家里实在是困难，最后是父亲狠狠心，把还未出栏的两头猪卖了，再加上家里向亲戚借的钱和乡亲们自发凑的一点钱，总算是让我到了北京，跨进校门。"

"我们那会儿大学不收学费，而且每月还有助学金，工作一般也有保障，所以许多人进了大学后就像进了保险箱，捧上了铁饭碗，于是就不怎么学习，天天只是玩儿了。但我不行啊，我什么都得靠自己，而且从小就养成的努力学习的习惯使我总觉得没事就去玩儿是浪费时间，心里怎么也高兴不起来。同学们见我这个样子，就不再拉我去玩儿，说我是书呆子。我想啊，学生就是以学为生，就是读书，读书能读到书呆子的境界，还不容易呢，有什么不好，我喜欢作一个书呆子。不过，现在回过头看看，当时是有点错了，现在的我就是一个例子。"

"说起来你也许不相信，大学四年，我没看过一场录像、一场电影，从没玩儿过扑克，从没出去郊游，跳舞什么的就更不用说了，最多就是去操场打打羽毛球，也是冲着锻炼身体去的，不是纯粹为了玩儿。记得大三时，我们班里有个男生跟我同宿舍的女生打赌，说如果有谁能说服我去看场电影，他就请全班同学出去吃顿饭。结果我宿舍的那些姐妹们还是输了，那顿饭没吃着。那时候我真是两耳不闻窗外事，一心只读圣贤书。这种状态在我上了硕士研究生时也没有多大改变。"

"其实，我当初那个样子，虽然与我的性格、习惯有关，也是被残酷的现实逼出来的。我家里没有钱，更没有什么背景，我只能努力学习，这是我唯一的出路。而且，父亲对我期望很高，他在千里之外的家里看着我，我感觉得到那种目光。这样一来，经济和道德上的双重压力使我不得不努力努力再努力。"

"你是北京人吗？"

郝修平突然问我，我点了点头。

"北京本地人永远不会知道外地人在北京的感受，不会理解和体会到外地人想要在北京工作、生活的艰难。我孤身一人，举目无亲，就像大海里飘摇的一叶扁舟，随时都有被风浪吞没的危险。我没有别的资本，唯一的优势就是自己的才识。"

"我的努力没有白费，本科毕业时，我是全班第一名，于是就被免试推荐直读研究生。选导师时，系里的导师都争着要我，因为我踏踏实实、心无旁骛，做起实验来特别认真，舍得花时间。而且，我的基础知识扎实，导师只要稍微指点指点，不用费什么心思。一时间，系里还搞得沸沸扬扬的，最后系主任要了我。"

"我读研究生的时候，就有二十四五岁了吧。我身边的女同学几乎都有了男朋友，但我没有。一方面，用不着说，我的长相放在这儿，而且我又不怎么会打扮；另一方面，我整天待的地方就是教室、实验室、图书馆，当然还有宿舍，面对的不是实验仪器就是书，那些诸如溜冰场、舞会之类的娱乐、社交场合我根本就没去过。后来读博士时，同学强拉着我去过一两次，我才总算知道了这些娱乐场所在什么地方。即使去了，我也适应不了那种环境，自己又不会玩儿，像个傻子一样晾在那儿，觉得没什么意思，没过多久便走了。其实，我现在知道那些地方还是很好玩儿的。可是，正是我知道了这些，才使自己落到今天的地步，我要是一辈子都不知道这些地方就好了。"

对爱的欲望早已潜伏

我知道，郝修平在试图表达一种复杂的感受，但显然她的思维有点混乱。我问她是不是要休息一下，她摇摇头，继续说道：

"我的社交面小，接触的人也少，男性朋友、女性朋友都很少，甚至连本班的同学都不熟悉。本科四年，我跟班上个别的男同学好像连一句话都没说过，都弄不清班上到底有哪些人，好多次我都把自己班上的人认成了别的班的人。这么说吧，我觉得那时自己特别像契诃夫写的那个装在套子里的人。虽然我考上了大学，似乎已经成为一个城里人，但是，我始终觉得自己在骨子里还是一个农民。每当在宿舍里和大家一起讨论一些关于人生、价值等方面的问题时，我总跟那些生在城市、长在城市的同学的意见不一样。其实，我这人还是挺喜欢说话的，但必须是与我谈得来、有共同语言的人才能说到一起。到目前为止,只有一个这样的人,可惜正是这个人骗了我,害了我。"

"总的来说,读理工科的女生不如读文科的女生能玩儿。我更是理工科女生中比较典型,或者说是极端的一个。我们班男生对我的评价是:只会读书,没有女人味儿。别看现在提倡男女平等,妇女解放,其实无论是男人还是女人自己,都还是信奉着'女子无才便是德'的老一套。就拿我以前的那些同学来说,男硕士要女学士,男博士要女硕士,这样到头来女博士反而没人要了,博士学位倒成了女生寻找伴侣的一个巨大障碍。所以,在我们学校,女博士是非常少的,只有像我这样的人才会读博士。你说,这是不是社会的悲哀?或者仅仅是我个人的悲剧?"

"我身上缺少男同学所谓的'女人味儿'。在他们的心目中,我似乎是一个已经男性化了的女人,一个除了读书不懂感情的女人。我承认我不符合他们理想中女孩子的标准,不是能作他们的玩偶的那种女孩子。可是,我也有感情,我也渴望爱情,我也在等待着一个知心爱人,但我的梦被无情的现实击得粉碎,我所梦想的那些浪漫故事从没在我的身上发生过。我羡慕别的女同学在节日时收到的花,我希望有男孩子说爱我的话,我憧憬着有一天能和自己心爱的人在一起,哪怕是走遍海角和天涯!我一次次地期待,又一次次地失望,到最后,我只能把感情封闭起来,免得受伤害。"

"直到读博士了,还没有一个男孩子对我表现出好感,这时候我也麻木了,觉得一辈子单身也不错。不过,我身边的人倒是为我急起来,毕竟已经二十七八了,按一般的观念,到了不能再拖的年龄了。"

"我的同学,甚至我的导师都开始为我介绍对象了。社会是这样,我也没办法,一个女人终究是不能不成家的。我已把曾经的梦想深深地埋在了心底,再也不去奢望什么惊天动地的爱情,什么前生注定的姻缘。我只求一个安稳的家,一个还过得去的男人,平平淡淡过一辈子就行了。其实说起来,大家现在不都这么过吗?我都说到哪儿了,是不是扯远了?"

我说没有关系,讲得很不错,那正是我要采访的内容。我开始觉得,对面坐着的不是已经38岁的女副研究员,而是十年前的那个女博士生。我看到了她严肃而平淡的面容后蕴含的丰富情感,看到了一颗曾经受到伤害而变得无奈的心。是的,她也是人,不是冷血动物,并不像有些人想象的那么简单。

她停顿了一下，继续说道：

"当然，和介绍的对象也不一定没有感情，感情是可以慢慢培养的。没有感情，同样可以拒绝，跟自己找的没有两样。而且，介绍的对象一般各方面考虑得很周到，不会太盲目，对于两个人一起长久过日子确实是很有利的。自己找的有时候反而会打打闹闹，甚至反目成仇。错就错在我自己，我当时真是心灰意冷，不相信，也不在乎什么感情的事，再加上自己对介绍对象存在偏见，好像介绍的对象双方就不需要有感情，或者说不可能有感情，心中总是抱着那个永远不可能实现的残缺的梦，始终拐不过那个弯儿。要说我没感情，那个时候确实是这样。"

"人就是这样，明明同一个事物，是美是丑完全可能由于心情、观念的不同而得出不同的结论。我不相信介绍的对象，不愿轻易付出自己的感情，自然两人之间就不会有感情，而没有任何感情的婚姻注定是一场悲剧。"

"几乎是在被别人拖着去的情况下，我前前后后跟七八个小伙子见过面，但一个都没成，双方总觉得凑不到一块儿。就像到商店里买东西，本来就别别扭扭的，而且我想买的东西商店里还没有。虽然商店里货不少，可都不是我想买的。慢慢的，我对介绍对象失去了最后的信心，原来的偏见得到了证实，就开始有点烦了。时间不饶人，一眨眼，我都快博士毕业了，找对象的事还是耽搁着。我自己也有点急了，标准也在无形中一步步地降低。后来，在毕业的前夕，我的导师给我介绍了一个人，这个人就是我现在的丈夫。"

"他是我导师的一个朋友的博士生，比我大三岁，跟我同一年毕业。长相什么的一般，性格方面却是比我还沉默寡言，往那一坐，能半天不动，不说话，跟尊木雕一样。我记得那天我们见面的时候，我导师和他导师也在，整个一下午，我和他只说了两句话，开始的时候说'你好'，结束的时候说了声'再见'。别的时间就全是两位老教授在那说话了，好像谈对象的是他们两个，我们反倒成了旁人。但是，这样也好，我俩没什么感情，可也没什么冲突，所以，我们也就糊里糊涂地成了。"

"我分到了现在的这个研究所，他分到了另外一个研究所，不过相隔不远，骑车也就四十来分钟吧。我们就这样不冷不热、不紧不慢地发展了两年，别看是两年，因为我们都比较忙，他还老出差，加上他又是那种三棍子敲下去都打不出一句话的人，所以，我们在一起的时间并不多，感情交流就更少了。不过，我们之间也没爆发过什么大问题，1997年元旦我们就结婚了。"

"他这个人除了性格之外,别的方面其实都挺好。他不吸烟、不喝酒,更不会去赌博去养情人什么的,说实话,他不是那号人,这个我绝对敢保证。而且,他对我也不错,我有时因为一些烦心的事发火,他就处处让着我,但还是一声不吭。他的宽容能让我感到自己很过分,除了做实验,他几乎对什么事都没有兴趣,跟部机器人一样,我真是拿他没办法。"

"我们就像在一个屋檐下生活的两个人,而不是一家人。慢慢地,他的那种高级知识分子的软弱性和迂腐性让我渐渐地忍受不了了。晚上睡觉,我抱着他跟抱着根木头没有两样,他对夫妻之事几乎是懵懂无知,提不起一点兴趣。就是结婚头几年,我们的夫妻生活也是少得可怜,有时甚至一个月都难得有一次。而且,他从没有主动提出过这方面的要求,每次都是我含蓄地表示,但又不能太含蓄了,否则他明白不了。每次,他都像完成任务一样,或者像做贼似的,匆匆几下就完事,事实上他这方面的知识和心理跟小孩子差不多,许多基本常识都一概不知,技巧什么的就更谈不上了。更过分的是,即使就那么会儿功夫,有时他还惦记着实验室里没做完的实验。我真没想到世界上还有这样的人。"

"他几乎没有陪我看电影,逛商场什么的,甚至有时他们单位组织出去旅游,说可以带家属,他都不去。有时我气极了,指着他骂,可他跟没听见一样,理都不理我。我一肚子的委屈没处说,气没处撒,索性躲到自己的实验室也去做实验,把那些气统统发泄在工作上,否则我早就被憋死了。不过,这样一来,我在工作上取得了一个又一个的成绩,连我自己都吃惊。我有时是没日没夜地干,别人都奇怪我怎么有那么高的工作热情。当然,他的成绩也很突出,在他们单位名声挺大。所以,别人都夸我们是一对模范夫妻,说我们两人在事业上相互激励,为祖国作贡献。有一家报纸还专门报道了我俩的事迹,我记得标题用的是'科学王国中的比翼鸟'。是的,在外人眼里,我们是成功而幸福的一对,是令人羡慕的理想组合,可是,他们哪里知道成功背后的苦涩,荣誉背后的牺牲,和我那难以对人言讲的委屈呢?"

郝修平这时再也忍不住了,竟伏在了桌上抽泣起来。这也许是减轻她心中痛苦的唯一方法。我闭上了眼睛,没有去打扰她。一个平时极其严肃的女研究员,能作出这样的举动,足以证明一切。

了解外部世界时，陷入了莫言的纠结

过了好大一会儿，她的心情才平静了下来。她望向窗外，继续说道：

"结婚后的第四年，我们好不容易有了孩子，是个女儿。女儿的到来为我们的家庭增添了一些生机，也让我们的家终于有了点家的样子。但是，从此后他的注意力便完完全全地转移到了女儿的身上，一点也理解不到我的感受。在他看来，作为丈夫的义务已经完成，剩下的就是做个好爸爸了。就这样，我们夫妻间的感情不但没有因为女儿的到来变得深厚，反而更加疏淡了。"

"我依旧只能躲在工作中麻木自己，去忘记那些难言之痛，工作上取得的成绩越大，我的牺牲也就越大，心里就越觉得悲哀，可我在外人面前还得强作欢颜，装出一副为人师表的样子。我就这样戴着面具活着。"

"2000年，我认识了我今生最希望遇到但又最不应该遇到的一个人，这个人的出现改变了我的一生。估计你也了解到他是谁了，他叫谢中安，美籍华人，父母是1958年从台湾去的美国，那时他只有两岁。当然，这些都是他告诉我的，是不是真的就难说了，因为他从一开始就在骗我。"

"2000年11月份，在北京召开了一个我们专业领域的世界性的研讨会。这个会议的级别很高，每三年举行一次，国内国外的学术权威、著名学者都会出席，这种机会非常难得。会议主要探讨一些本专业的学术前沿和疑难课题以及一些最新发现的成果。最后，还要评出一些奖项，能够获得这些奖项，对我们专业的人而言，是一种很高的荣誉，在这次会议上，我提交的一篇关于高能物理方面的论文获了奖。在午餐会上，就有不少人来跟我聊一些学术方面的问题，我刚获了奖，心里特别高兴，所以有问必答。其中有一个人便是谢中安，他当时问了我几个问题，很有水平，而且有一个问题是我自己也没有彻底搞清楚的。我感觉跟他比较合得来，我们谈了足足有半个小时。他中文、英文都很流利，又有幽默感，我们俩都觉得谈得没有尽兴，便相互留了电话和通信地址，约好以后有空一起讨论一些问题。"

"会议结束后，我又像往常一样投入了工作。没过半个月，他就打电话找我，约我中午去一家餐馆吃饭，顺便讨论几个问题，我很高兴地答应了。说实话，结婚这么多年，我丈夫就从来没有带我到外面吃过饭。到约定的地点，我们见了面，坐在那儿边吃边聊。会议那天人太多，又匆匆忙忙，所以我对他也没什么太多的了解，只是觉得他这人跟我好像比较谈得来。如今两个人在一起，我才发现他很有男人魅力。他穿着一套深灰色的西装，打着领带，风度翩翩，个儿也挺高，块儿不小，相貌、举止、谈吐之间都透出一股成熟男人特有的韵味。我心里马上就有一种异样的、似曾相识的感觉，好像自己在很久以前的什么时候已经见过他，但就是想不起来。尽管心里这么想着，但我并没表现出来，只是暗暗地奇怪自己为什么对一个陌生的男人没有陌生的感觉，他一个电话我就马上出来了，竟然没有一点起码的自我防范意识。为什么自己如此地信任他？我真是说不清楚。"

"不过，他讨论的确实只是学术方面的问题，而且还挺严肃，没什么过分的地方，正常得连我都觉得有点乏味。他稍微介绍了一下自己的背景，直到那时，我才知道他是美籍华人，从美国一所著名大学毕业，也是博士，现在正受邀在北京一所大学里作访问学者。上次给的电话和通信地址已经变了，他又给了我新的电话和地址。总之，整个会面过程中他的言行都非常正派，非常得体。"

"不知为什么，第一次约会后我有一种说不清楚的心情，感觉到自己身体里一种曾经有过的东西在慢慢地苏醒和蠕动，究竟是什么，我躺在床上想了一夜都没想明白。我只是知道自己很喜欢和他在一起，希望能快点有第二次约会。"

"第二次，他邀我去他作访问学者的那所学校看看，我自然是答应了。我第一次约会时是随随便便出的门，穿着打扮跟在家里没什么两样，而且心情也是非常平静，跟我丈夫说出去吃饭时讲的也是真实情况。但这一次，就显然有点不一样了，我穿了一件平时很少穿的衣服，在梳妆台前还转了半天，心里也有一丝莫名的紧张，衣服的扣子都差点扣错了，头发梳了又梳，生怕弄乱了，这样的情况是平生第一次，记得当年导师介绍我和现在的丈夫见面时根本没有这样的感觉。走的时候，我跟丈夫打招呼，本来想实说的，可话到了嘴边就变成了'我们以前的同学聚会'。其实，我就是实说他也不会在意，因为在感情方面，他从来就没有把我放在心上，他不懂得爱，当然就更不懂得吃醋，他很少过问我的情况、了解我的感受。他那样一个书呆子加工作狂，根本就丧失了对情感的把握能力，当然也包括他自己的情感。"

"我怀着一种极其复杂的心情敲响了他的房门，他开了门，见到我之后先是一惊，然后马上用英文说我很漂亮。请我进去之后，他在我背后轻轻把门关上，动作极其优雅，就像中世纪欧洲的绅士一样，非常细心和体贴。我想他已经意识到今天我以这样的装扮，这样的身份来这样一个地方的背后所隐含的东西。房间里只住着他一个人，各种摆设不多，但布置得很得体，营造出一种温馨的氛围。他双手一摊，幽默地说这是为了迎接我的到来，花了一个下午才收拾出来的。他泡了一壶咖啡，我们便坐下来边喝边聊。有了上一次接触，我们彼此都比较放得开，虽然仍然讨论一些学术上的问题，但更多的时间却是在聊人生，特别是我们自己。"

"他中英文都很好，说自己是中西方文化的混血儿。他去过很多地方，见过许多奇怪的事物，还拿出许多他在世界各地的留影给我看。不得不承认，他的表达能力确实非常好，表情也极其丰富，把他的那些经历讲得绘声绘色，我坐在那儿听着他讲，就像小时候听老师讲故事一样……"

"我时不时地被他逗乐，笑起来。我已经好久没有这样开心地笑过了，我感觉自己好像回到了无忧无虑的少女时代，显现出了一个真实的自我。剥去了面具和伪装，往日压抑的心情获得了一种从未有过的解放，似乎自己变成了一只在蓝天里自由飞翔的小鸟，忘记了哀愁，忘记了一切不顺心的事。我真想一辈子就这样一边喝咖啡，一边听他讲。真的，就一辈子。"

"然后，我们开始各自谈自己现在的生活。他告诉我，他还没有成家，'我这人不适合结婚。'他耸了耸肩，'当然，也许是我以前一直没有遇到一个可以促使我结婚的人，我不会勉强自己结婚。在美国，像我这样的人很多，可在中国，就不一样了。'"

"听完这话，我心里一酸，当年我也下了独身的决心，可最后仍是拗不过社会的压力，和一个自己不喜欢的人结了婚，为什么会这样？我从来没有向母亲之外的任何人诉说过一直憋在心底的那些话，因为我的身份和地位不允许我那样做。而且，说了之后不但毫无益处，反而会引来许多想象不到的麻烦。其实，生活中大家都是把苦憋在心里，都这么活着，我又何必去做傻事呢？可是，这一次在他的面前，尽管我时时警告自己要注意形象，不能太流露感情，但我说着说着，最后竟黯然泪流。"

"不知什么时候，他已经挨着我坐下，一把拥住了我的肩头，我再也忍不住了，一头扎在他怀里忘情地哭起来。我自己也不明白，我所说的那些工作成绩、社会地位、物质生活，似乎都应该是让我快乐起来的理由，可为什么自己却伤心地哭呢？"

"等我慢慢地平静下来，他突然说道：'你如果离开你丈夫，会怎样呢？'我一听这话，马上醒悟过来，发觉自己失态了，我第一反应便是本能地挣脱他的拥抱，站了起来，对他说：'你太过分了！'然后抓起旁边的提包，扭头就走，他追上来，连声说对不起，可我根本就没有理他，羞愧和自责使我夺门而出。"

"那天晚上，我一个人待在实验室里，从小时候、上学、分配工作、结婚，直到现在，想了很久。我是成功的，至少别人是这么认为的，可我为什么总不快乐，总觉得生命中缺点什么呢？平心而论，丈夫对我不错，生活也平平稳稳，可我为什么还是不满意呢？母亲在我结婚的时候就坚决反对，她说我丈夫人虽然很好，但是我和他在一起不会有幸福，我就不相信，问她为什么。她就说自己也没什么理由，就是凭自己多年的生活经验有了这种感觉。她说她知道我的性格，知道我需要的是什么，而我丈夫注定不能为我提供那些东西。我当时对感情这回事已经心灰意冷，不愿再去考虑那些虚的东西，最后还是结婚了。"

"慢慢地，我开始理出了头绪。我一直在回避感情，压抑感情，但心底深处却又一直在执拗地追求那种感情。这就是我为什么貌似成功、幸福，实则空虚、痛苦的原因。本来，我一直以拼命工作来麻木自己，使自己忘记那些痛苦，放弃那些追求，像其他人一样糊里糊涂地得过且过。不幸的是，我遇到了谢中安，他使我以前的一切努力都化为泡影。跟他在一起，我感到了一种从未体验过的人生乐趣。但是，我现在已为人妇、为人母，我必须承担起做妻子和母亲的责任。所以，是继续这样下去，还是一切重新开始——在牺牲自己和伤害别人之间，我必须作出一个选择。"

甜蜜的交往，蒙蔽了本该警惕的双眼

"你看过《廊桥遗梦》吗？"

郝修平眼睛注视着我，突然问道。

我点了点头。那部片子我看过，由伊斯特·伍德自导自演，是我国1996年引进的大片之一，拍得很好，主要讲述了一个已婚妇女在短短四天中经历的一场情感危机，真实细腻地表现了家庭妇女的复杂情感。许多家庭妇女看完这部影片后潸然泪下，影片公映后，引发了一场关于伦理道德方面的大辩论，仁者见仁，智者见智。但最终还是各执己见，没有争论出一个结果。

我忽然想到，郝修平当时的心理是不是契合了影片中那个女主人公的情况？

郝修平继续说下去。

"不知道你对那个女主人公是怎么评价的。我是一个人去看的,我丈夫没有陪我去,因为这种影片对他没有任何意义。我一边看电影,一边抹眼泪,我把自己看成片中的那个女主人公。对于那个女主人公的选择,我没有想过是对还是错,只是觉得,无论她是离开了她丈夫,还是继续留下来,我都会很理解。我该怎么办?在那两者之间,我始终没有勇气作出一个坚定的选择,而是一直在两边摇摆,希望有一个两全的中间道路。其实,我自己也知道,这么激烈的矛盾怎么可以调和呢?可是,我就只能这样了。"

"过了半个月,我犹豫了很久,最后还是拿起了电话。我向他道歉,说自己那天太冲动了,他说没关系,然后提议一起去打保龄球。我们打了一个下午的保龄球,玩得很开心,晚上一起去一家日本餐馆吃饭,最后在他宿舍里,他吻了我,一切都那么自然。我第一次感觉到接吻原来是那么美好的事情,可以毫无保留地、全身心地投入,这是一种生命的、原始而真实的流露。再后来,什么都发生了。"

她低下了头,声音也轻得几乎听不见,但我清楚地发现她原本白净的脸上有了一丝红晕,我知道"什么都发生了"意味着什么。

"他有一辆丰田小汽车,自那以后他便开车带着我到很远的郊外去兜风,去游玩,那里没有认识我们的人,我可以自由自在地和他在一起。在更多的接触中,我发现他真是多才多艺,唱歌、跳舞、读书、打球,无论什么事情都能说出一大堆道理来,对什么东西都能感兴趣。跟他在一起的那些日子是我一生中最开心的时光。有一次,我们去康西大草原,那天天气特别好,大概是5月份吧,阳光照在身上非常舒服。我躺在草地上,他支起画夹给我画像,一切都跟在梦里一样。"

"他后来再也没有提过让我离开丈夫之类的话,我自然也不会主动去提,我也知道自己跟他在一起不会有什么结果,甚至隐隐地感觉到一种危险,具体又说不清楚是什么、来自哪里。有一次,我躺在他怀里说:'我不想对你提出更多的需求,你对我也是一样。只要我们能常常在一起,比什么都好,以后的事以后再说,这对你也许没有什么,但对我却非常重要。'他便答道:'我知道,OK!'"

"我已经提为副研究员,是我那个实验室的主任。我们搞的一些科研项目有的属于国家秘密,有严格的保密措施和制度规定。对有些内容就是要守口如瓶,即使是对自己的爱人也不能说。当然,我丈夫也不会问这些,他的专业方向与我不一样,隔行如隔山,说了他也不懂。而我和谢中安在一起的时候,他有意无意地便会问我一些那方面的问题，我不仅一点防备心理都没有，而且还想在自己喜欢的人面前表现一下自己的能力，便滔滔不绝地把自己所知道的东西都告诉他。他在这方面的专业知识和造诣似乎也很不错，能时不时在一些关键处提出质疑，在我一些比较得意的地方拍手赞叹。因为他公开的身份是访问学者，所以他提出问题，我们一起切磋也是很正常的，可我哪里知道，他实际上是一个高级情报间谍，他和我在一起原来是为了获取我们所里的一些国家秘密级的技术情报！"

"他隐蔽得很巧妙，也很有耐心。我们每次都只讨论一两个问题，而且都是在我很高兴的时候提出来，问题也是慢慢地从表面问到核心，免得我起疑。我那时正是最快乐的时候，根本没把他往坏处想，只要能和他在一起，我什么都忘了。我自己都不明白这是为什么，就好像喝了迷魂汤一样。他有时向我借阅一些资料，我甚至干脆就送给他了，有些问题我解答后，他说不可能，说我吹牛，我不服气，最后把自己辛辛苦苦得来的实验数据给他看，看到他点头表示相信后，我心里还非常得意。我根本没有意识到自己正不知不觉地中了他的圈套，许多重要的情报资料就这样从我这里一点一滴地向外泄露，而我仍是蒙在鼓中，一无所知。"

"其实，我到现在还有点不敢相信他在骗我，自始至终他都没有露出一点破绽，整个过程就跟真的一样。而且，像第三次约会，还是我主动打电话给他的，如果是他一直主动约我，说不定我就会对他有所防备。难道他是故意引我主动上钩，看准了我肯定会去找他？好多资料都是我主动给他看的，他并没有提出要求，对我的感情好像也不是能够装出来的。为什么呢？我只能说他的骗术太高，表演得太逼真了。或者，我被他迷惑了，昏了头，因为我长期待在实验室里，社会经验实在太少，容易上当受骗？"

"2001年2月份，正是春节期间，他没有回美国，我初四陪他出去玩儿了一天，然后他说想去我的实验室看看。我有点犹豫：一来，按规定，我的实验室由于涉及国家秘密不能随便让人参观；二来，虽然我已经违反规定向他泄露了一些重要的技术资料，但那不可能有别人知道，如果我带他去实验室，说不定碰上人会引起一些不必要的麻烦。但我经不住他再三恳求，再加上春节时研究所放假，人比较少，所以我就答应了。"

"我当时正在进行一项国家重点科研项目，对国防意义重大，属于国家机密，我是这个项目的负责人。据我所知，国外也在搞这个项目，但一直没有重大进展,而我国从 20 世纪 80 年代中期便开始了这个项目的研究,而且投入了大量的人力、物力和财力,耗时将近 12 年,经历了无数次的失败,终于在 2001 年 11 月攻克了最后的技术难关。项目基本上就是大功告成,剩下的就是做一些后期的资料汇编整理工作,我们准备在 2005 年 5 月份上报有关部门。由于这个项目属于国家机密,所以保密制度很严格,甚至连我们自己所里的有些同事都不知道我在秘密地研究这个课题。因为这个项目的成果确实来之不易,我倾注了很多心血,所以我自己也很为这个成果感到骄傲。"

"我带他去实验室的时候,幸好没有遇上别人。他在我实验室里边参观边称赞,我听了自然很高兴,再加上本来对他就没什么怀疑,所以我开始还保持的一些警惕心理和保密意识就慢慢地消失得无影无踪。他先是漫不经心地问了一些很一般的问题,然后慢慢地就问到了我搞的那个课题。我当时很奇怪,问他怎么知道那个项目,他说国外这个项目早就完成了,反问我为什么不知道,还简要说了一下具体的实现方案。其实那个方案我们已经实验过,根本行不通,我就又不服气,昏了头,竟然把已经整理好的准备上报的材料给他看!我当时想,这个项目极其庞杂,各种实验图表,数据实在太多了,他不可能随便看看就记住。可是,我哪里料到,在他西服前面的一个纽扣里竟隐藏了一台微型摄像机,不但那些资料,而且连实验室里的实验设备,实验台的布置设计等包括我在内的许多场景都被他拍了下来!"

我看着对面郝修平像孩子一样懊丧的神情,忽然间得出一个结论:对一个正常人而言,是否会被骗上当,与他的智商关系不大,而是更取决于他的社会经验。前些年,媒体就报道过一个女研究生在火车站被人拐骗到一个偏僻的边远地区,卖给了一个农民当老婆。当时有很多人觉得不可思议,说研究生怎么会被别人骗了?我虽然认为这则报道可信,但不免还是有一些纳闷,现在郝修平的故事给了我一个直观的新例证。

梦醒后,才发现早已饮下他藏好的毒

郝修平叙说到这里,她的遭遇以及随后的结局就很容易猜到了。

回想自己走过的迷途,她的心情已经很平静。

"3 月 12 日,他说有点事要回美国,我还去机场送了他,你说我傻不傻?这一去之后，他就杳无音讯。两个星期后，被他窃取的关于那个重大项目的情况便由西方一家大报报道出来，我国有关部门震惊之下，马上展开调查，结果发现是我泄露了国家机密。他们刚开始讯问我时，我还觉得很冤枉，因为那些资料我一直锁在保险箱内，没有人碰过。后来，我才知道，原来问题出在他身上，他骗了我！在我俩共处的那段日子里，他从我这里得到了许多重要的情报资料，那个项目只不过是其中最突出的一个，我给国家造成了巨大的损失，我是罪有应得，我只恨自己。"

"你会怎样看我？"

郝修平用一种急切的眼光看着我，询问我。

这个问题我确实很难回答。我在采访调查的过程中，习惯于扮演一个听众的角色，很少当面对被采访者作出这样或那样的评价。无论是褒是贬，似乎都不太合适，因为许多事情往往只有当事者自己最清楚，也只有当事者自己意识到了，问题才算真正解决，别人的评价有时会起到误导作用。特别是对于像郝修平这样的高级知识分子，我还能说些什么呢。我相信，以她的智商，此刻悟到的东西肯定比我还多。

所以，我迟疑了一会儿，然而这种迟疑似乎正不知不觉地表达了我的一些价值判断。她叹了口气，说道："你不愿说，就算了，其实你不说我也知道。"

我望着她，眼光中是同情还是可怜，我自己也说不清楚，我说道："我理解你！"理解并不等于认同，更不表示反对，她显然明白我的意思，慢慢地点了点头。

害人之心不可有，防人之心不可无。在复杂的社会生活中，保持一些必要的警惕心理是非常重要的，现在各种诈骗手段日趋隐蔽和巧妙，稍有疏忽就很容易陷入圈套。很多时候，上当受骗并不是我们智力有问题，而是我们防范意识薄弱，对社会上复杂的人和事估计不足。诈骗者之所以成功，关键是他们事先了解了各种情况，作了周密安排，然后利用我们某些心理上的弱点，趁虚而入，使我们信以为真，让我们像郝修平那样自投罗网而不自知。

很多高级知识分子在智力上没有问题，但他们长期处于封闭的象牙塔中，与社会接触少，不懂得社会的复杂程度，就像温室里的花很难适应温室外的自然环境一样。由于他们社会经验不足，这些被我们以为是社会精英的人反而是很容易上当受骗的人，甚至可能被一个文盲欺骗。这不是夸张，更不是讽刺，而是事实。

2

蜕变的蝴蝶

年轻女孩邱敏慧唯一令自己骄傲的资本就是青春和美貌,她的聪明才智都用在对自身资源的开发上了,最终因行贿罪和窃取商业秘密罪被判处有期徒刑6年。

这个大学毕业没多久,就利用自己的肉体和色相去窃取商业秘密的女孩,为什么从审讯开始到结束,一直那么咄咄逼人、强词夺理?是什么让一个本来前途无量的大学生变得如此愤世嫉俗?

也许是职业病的缘故,每当翻开一本尘封的案卷,我更加关注的是罪犯背后那条或明或暗的坠落轨迹,还有就是那些或大或小的促使他们走上犯罪道路的诱因。

我的同事,女检察官李扬路过我的办公室,我习惯性地问她近期又在忙什么案子。她扬了扬手中的卷宗:"我在回访一个自己办过的案子。太可惜了!这是一个高智商、高学历的人犯罪,还是个女大学生,你肯定感兴趣!"

进入司法机关以来,我采访、调查过上千起犯罪个案,这些案件的主人公有相当一部分是女性,其中也有在校大学生。但总体而言,她们的犯罪动因、手段都比较简单。在采访和调查过程中,我注意到,近年来在各类犯罪中,高智商人群犯罪是危害较大而社会各界并没有给予充分重视的一类。作为检察官、作家,我觉得自己有义务以报告文学的方式再现形形色色的高智商犯罪,引起包括执法、司法界在内的社会各界的警惕。所以,李扬提及的这个案件很自然地引起了我的兴趣。

我有了采访邱敏慧的冲动,因为我很想知道她的心路历程和堕落轨迹。经过与北京市监狱管理局有关部门的协调,我获准去女子监狱采访这个让我感到困惑的案件。

9月里一个初秋的上午,天气仍有些燥热,我翻开了笔记本静静地坐在北京市女子监狱的接待室里，眼前的椅子还空空荡荡，不知道将要坐在我面前接受采访的邱敏慧是一个什么样的人。

第一感：宽大的囚服和美丽的女子

门一开，一位女狱警带着一个穿着宽大囚服的女孩子走了进来，那过于肥大的囚服罩住了她的身姿。她坐到我对面的椅子上，我看到了一张美丽而又憔悴的脸，就像秋天的天气一样干燥。

不得不承认，邱敏慧有骄傲的资本。她长得很有女人味儿，属于比较耐看的那种类型。她的五官搭配得很协调，一眼看去有种忧郁的气质，但是眉宇间却隐约透着一股高傲。

女狱警用命令的口气说道："邱敏慧，这是市检察院的检察官，也是作家，今天特意过来采访你，你要好好回答。"

邱敏慧看了我一眼，竟然开门见山地说："我已经判刑了，如果你要问案子的事，直接问法院、检察院就行。"

我朝女狱警示意了一下，女狱警给邱敏慧递过去一杯水，她看了一眼女狱警，在得到允许后，说了声"谢谢"就双手捧了过去。看得出她很有教养，这更增强了我要走进她的内心世界的想法。

我对女狱警小声说："我想和邱敏慧单独聊聊，有事情我会叫你们的。"她明白了我的意图，走了出去。

望着邱敏慧还算明亮的眼睛，我首先作了自我介绍："我在检察院从事宣传工作，我这次来没有什么特别的目的，这只是一次非正式的采访，希望你不要有什么误会。我这次采访你不完全是案子的事儿，我主要是想听你讲个故事，故事的主人公，就是你自己！"

邱敏慧明显地一愣，她抬起头，长长地出了一口气："哎，我始终以为自己做的并非什么十恶不赦的坏事，因为我觉得现在这个社会就是这个样子！"

"什么样子？我知道你是学经济的，不会是等价交换吧？！"我调侃道。

邱敏慧微微耸了耸肩膀，有些轻蔑地笑了笑说："你只说对了一半！"

"一半？"我真的有些好奇了，这个女孩子好像比她实际年龄成熟许多。

"对！除了等价交换之外，还有金钱万能。没有钱是万万不能的，就算是亲兄弟也白搭！这就是我作案时的想法！梦想和现实之间是无法跨越的，现实就是现实，不管你愿不愿意，你必须承认：钱是个好东西！没有它，你就不是个东西！以前我就是这么想的。"

我看着她，微微一笑。宽大的囚服套在她的身上显得那么不协调。

邱敏慧叹了口气："不过我还是没有把握住自己，就像《红楼梦》里面的王熙凤那样——机关算尽太聪明，反误了卿卿性命！"

我觉得她已经没有初见面时的那种抗拒了，就直奔主题。

"我叫你小邱吧，你同意吗？你不想跟我说说你的故事吗？难道处于你这个年龄段的孩子都这么想吗？"

邱敏慧没有直接回答，她喝了一口水说："说实话，我父亲以前也这样叫我。我不认识你，对于案子该交代的我也交代完了，我就等着把6年的宝贵青春交给监狱了。不过人总要讲一点缘分的，你这个人看起来挺有眼缘的，我就叫你老徐吧。如果你愿意听，我也就当回忆一下我这二十几年是怎么活的吧！"

心态："完美"的家里没有自己要的幸福

说邱敏慧有一个令人羡慕的家庭一点也不为过。邱敏慧的家在天津市南开区，那是全国有名的高校、科研院所的聚居区，她的父母都是科研院所的科研人员，这种家庭模式在北京、上海、天津这样的大城市并不少见。

一般而言，父母的素质会直接影响孩子的成长，有这样一个非常"完美"的家庭，邱敏慧是幸运的，她的大学之路也比较顺利。高考后，她顺利地拿到了北京某著名财经大学的录取通知书。我总觉得，作为一个女孩子，父母肯定是把她当作珍珠宝贝一样对她，捧在手里怕摔了，含在嘴里怕化了，但是邱敏慧却苦笑了一下。

"我不能说我的父母不好，因为他们的确为我付出了许多，而且也把他们能给我的都给了我。我的父母都是科研人员，他们都是业务型的人才，科研能力都很强，都是所里面的骨干，都担负着科研任务，所以平时都比较忙。"

"那么说，他们是疏于管你咯？"

"不是，恰恰相反！他们再忙也会很认真地管我。"邱敏慧摇了摇头接着说。

"我小时候，父母都很忙，我整天都在大院里跟男孩子们疯玩儿，虽然我是女孩子，但是非常喜欢成为他们的中心，因为我做事比较细，想事情比较全面，他们和我一起玩儿能玩儿到好多花样！爸爸妈妈也就任由我去，那时候的快乐是真实的。即使这样，直到小学毕业，我的成绩也是很出色的，我属于那种不怎么努力成绩却很好的类型。这也是父母的骄傲，他们都觉得我是搞科研的好苗子，也就特意在理科方面培养我！在父母和老师眼里，我是一只美丽的蝴蝶。"

幸福的表情在邱敏慧的脸上荡漾了很久。"等我上初中以后，我发现爸爸妈妈开始认真了。不光是在学习上，也许是我发育得比较早的原因，尤其是妈妈特别开始留意我。每天一放学，她都会准时骑自行车过来接我。现在想来，即使我有个女儿也不一定能做到像她那样，但在当时我是很反感的，因为我希望和小伙伴们一起走，一起叽叽喳喳地聊天。我觉得妈妈这样做，同学们会嘲笑我，我知道妈妈是担心我，毕竟我是女孩子。"

我打断了邱敏慧的话："小邱，不瞒你说，我也有一个马上要上初中的女儿，我的教育原则是顺其自然，她喜欢什么就去做什么，不过一定要尽全力！她的妈妈也是很关心她，每天都去接她、送她，但是反过来她好像跟我比较亲，有什么事都喜欢跟我说。"

邱敏慧的眼睛一亮，"我也是这样！弗洛伊德曾经说过，女孩子都有恋父情结，这只是一方面，因为谁管你管得多，你就对谁有逆反心理。不过我们家也不完全是这样。"

"我父亲的脾气比较好，他和我妈是在大学时候认识的。当时我爸爸在农村，妈妈是天津人，我爸爸总觉得结婚时他比较困难，给予我妈的并不多。虽然妈妈从来没抱怨过什么，但是爸爸总觉得欠她什么，所以比较听妈妈的话。当然，管我的重任他也扔给了妈妈，有时候我跟爸爸抱怨，他总是说妈妈是为我好，长大了以后就会明白父母的苦心。"

邱敏慧向我诉说着，她的苦恼在于父母完全把她当成私有财产，而不是把她当作有独立人格的人。他们觉得生养她一回，作女儿的就应该感恩戴德，顺从乖巧。邱敏慧说她在整个初中阶段就是这么做的，但是她非常不情愿。每天妈妈都要求她：早请示，晚报告。甚至还背着她偷偷跟老师交代要把她在学校的行为告诉她。这些邱敏慧都忍了。

上了高中以后，随着年龄的增长，父母的"认真"程度也在加深。矛盾终于爆发了。

这个年龄阶段的少男少女正是情窦初开的时候，难免会对男女之事感兴趣。同学们之间也有传言：谁喜欢上谁了，谁是谁的女朋友。

邱敏慧很骄傲地告诉我："不瞒您说，我在高中时候已经出落成大姑娘了，长得比较好看。学习成绩也还可以，虽然不是拔尖，但是一直在上游。尤其我对文科比较感兴趣，写的作文经常作为范文被老师念，我也想读文科。但是妈妈爸爸反对，他们觉得'学好数理化，走遍天下都不怕'，所以还是建议我学理科。妈妈经常以身作则地告诉我，学理科将来搞科研，是真正的人才。我却觉得每个人都有每个人的喜好，不应该把自己的喜好强加给别人，妈妈的唠叨和爸爸的劝告，我原来还反抗着解释，后来就干脆装听不见，我还是喜欢看我的小说，学我的文科。但后来发生的一件事使我们表面和谐的关系僵化了。"

不知不觉，已经到了吃午饭的时间了，我为邱敏慧倒了一杯水："小邱，说累了吧？咱们也留个谜底怎么样？监狱规定的吃饭时间到了，在这里没法请你吃饭，我明天再来看你好吗？"

邱敏慧点了点头。

在回去的路上我一直在想，应该说邱敏慧是一个好孩子，她的成长环境是比较好的，父母感情很好，家庭很完美，难道仅仅是孩子的逆反心理就使她的人生观发生了变化？

这个孩子还有故事。

如此爱：为塑料瓶盖戒指献出了第一次

第二天天有些阴，我驱车赶往采访。已经秋雨绵绵了，下车时一股寒气迎面袭来，我不禁打了个冷战。

推开门时，狱警早已将邱敏慧带进接待室，她已经在等着了。我赶紧道歉："不好意思啊，让你久等了。我来晚了。"

她笑了笑说："没事，今天下雨，本来每当下雨时我的心情就不好，不过在这种地方能有个人陪我说说话，我就很知足了。"

说话时，她的眼睛一直望着窗外，玻璃窗上的雨滴一点一点滑落，邱敏慧的故事也从心底一点一点流出……

整个高中阶段，邱敏慧过得并不愉快，几个男孩子偷偷给她写信，朦朦胧胧地表达对她的爱慕之情，邱敏慧没怎么往心里去，倒是她的妈妈也不知道怎么知道的，反而非常重视，经常偷偷跑到学校打听。

我问她："你妈妈也像电视剧里演的那样翻你的日记吗？"

"这倒没有，但是她做过更出格的事儿。虽然我妈妈是搞科研的，但当她知道有男孩子给我写信这件事之后，那种对我不信任的眼神就一直在我的后背上蔓延，包括同学给我打电话，约我出去玩儿，她都要仔细地过问。一天中午趁我不在，我妈妈竟然把给我写字条的那个男生叫到操场狠狠训了一顿，并且警告他再写纸条给我，就直接找他的父母。那个男孩子为这件事，好长时间没有从自卑中走出来。"

邱敏慧非常反感母亲这么做，她跟母亲大吵了一架，那次母亲很伤心，父亲也怪她没有把精力放到学习上。邱敏慧没屈服，但是要强的性格使她不愿意再跟母亲沟通。

难怪！想想现在的孩子，成熟得都非常早，父母们过多的干预反而会起到反作用。

邱敏慧接着说："后来，一个考上大学的表姐告诉我，等我考上大学就完全自由了，那个时候父母想管也管不着了。我忽然一下子就想通了，只要我考上大学，我就会获得自由！"邱敏慧把"自由"两个字说得很重，让我感到她那个时候就像是已经被关在"监狱"里面了！

迷人的身段，美丽的容颜，这是多少女孩子梦寐以求的。邱敏慧说自己很幸运，上帝在给予了她令人妒忌的外表的同时，还给予了她智慧。三年后，她以高分考取了北京的一所重点财经类大学，成了一名金融专业的大学生。

邱敏慧形容当时的心情是：小鸟出笼了。当时她的想法是考到外地上大学，但是却遭到了父母的坚决反对。虽然也还没有完全脱离父母的监管，但是毕竟有了学校这样一个比较宽松的地方，有了相对自由的时间和空间，邱敏慧说："我得到了一定的自由。"说这句话时，邱敏慧的语气里面透着无奈。

我们的教育几乎把注意力都放到了考大学这一条路上来，父母的耳提面命，老师的谆谆教导，学生的呕心沥血，等到一考上大学，大家就都松了一口气！仿佛大功告成一般，父母完成了心愿，老师们完成了指标，孩子们完成了任务。至于上了大学以后，这四年怎么度过，大家都很茫然！

邱敏慧也说："真上了大学，刚开始觉得挺有意思，我的性格又比较活泼，这下可以充分发挥我的特长了。我一口气参加了好几个社团，忙得不亦乐乎，慢慢的在学校里有了名气！那个时候就有男孩子公然给我写求爱信了，我毫不掩饰地把信带回家给父母读，我一边读一边告诉他们，我已经成年了，不管干什么都是我的自由！"

"是为了向父母示威自己已经长大了吗？"我不解。

"我也不知道，但肯定不是为了报复父母。我当时也知道他们是为我好，就是觉得心里压抑得很，看着他们无奈地摇头，我心里有种释放了压力的快感。"邱敏慧解释道。

一切正如邱敏慧所言，她成了财经大学的"明星"。她的身边不乏追求者，她有了一种久违了的自豪感。

邱敏慧向我坦言："现在的大学已经不再是什么象牙塔，也不再是理想国，大学生也不再和天之骄子画等号了。有钱的同学花钱如流水，没钱的同学甚至吃不起食堂！物以类聚，人以群分，同学之间好像有条清楚的分界线。大家的目的都很现实，有能力的多学点东西，没能力的多找点关系，因为就业的压力已经从大一的开始就压在了头上。但是我却觉得相反，因为好长时间不愿意回家，父母给了我充足的生活费，爸爸有时候还偷偷多给我一点零花钱，生活比较宽裕。当那些从农村考到北京的同学玩儿命地学习挣奖学金的时候，我却要过属于我的生活。大一时，我疯狂地迷上了跳舞，舞技几乎无人能敌。"

一天，邱敏慧的一个女同学过生日，邀请她去舞厅跳舞。那时邱敏慧还是第一次到舞厅，色彩斑斓的灯光和激情四射的气氛令邱敏慧着迷。邱敏慧到了以后才发现，同去的还有女同学的男朋友及他的一帮哥们儿。那晚，邱敏慧把舞技发挥到了极致，但是她的目光被一直躲在角落里面那个叫谭大豪的男同学吸引着。据女同学介绍，谭大豪是北京一所著名理工院校大三的学生，家里条件挺好。他穿着笔挺的西服，有一双明亮的眼睛，他几乎没怎么说话，整晚坐在一旁喝饮料，他的目光也一直追逐着邱敏慧美丽的身姿，这一切都没躲过邱敏慧的眼睛。

你有情我有意，邱敏慧被谭大豪的帅气吸引了。

几天后，那个过生日的同学带来口信儿，说谭大豪要约她见面，邱敏慧答应了。见面的地点是一个酒吧。

邱敏慧说到这里时，一脸的幸福。她告诉我，酒逢知己千杯少，那天晚上她知道了什么叫甜蜜的爱情！由于两所学校离的并不太远，从那以后谭大豪经常来看她，每次来时都大包小包地给她买好多东西，这让同宿舍的姐妹羡慕不已！

相遇的时间很短暂，相爱的时间却很快，转眼到了大二下半学期，邱敏慧一直被幸福包围着。那天是邱敏慧的生日，她故意没告诉谭大豪，她想看看自己在他心里到底有多重要！

那天下着小雨，谭大豪好像真的忘记了，一天都没有给她发短信。邱敏慧很生气，一个人孤零零地在宿舍里生闷气。突然门外响起了敲门声，邱敏慧没好气地连问了几句"谁啊？"都没有人答应。

她生气地推开门刚要发火，天啊！门外一大捧玫瑰花，谭大豪就靠在墙上坏笑着。

999朵玫瑰！谭大豪花光了自己一个月的生活费。

谭大豪挽着她的手到了那个他们第一次见面的酒吧，两个人一边喝酒一边幸福地畅所欲言。

当晚，谭大豪喝了不少酒，当他一口气喝完一整瓶饮料后，他用刀子切下了饮料瓶口的圆圈，并套在了邱敏慧的无名指上，他说："邱敏慧你记着，总有一天，我要把它变成钻石！"

那一瞬间，邱敏慧像掉进了迷雾里一样有些头晕目眩。她隐约听见他说："我是真的喜欢你，从在舞会上遇到你……"说到这儿，谭大豪停了一下，艰难地说完了下面的话："邱敏慧，你现在就可以走，但是如果你选择留下，你就要永远地做我的女人。"

邱敏慧感动得热泪盈眶，外面的小雨淅淅沥沥地下着，两个人迷迷糊糊走进了一家酒店……

第二天一早醒来，邱敏慧知道昨晚意味着什么，谭大豪搂着她的肩膀，轻轻地说："爱你一万年。"

大学里的爱情就像温室里娇嫩的花草一样经不起风吹雨打。邱敏慧告诉我，她和谭大豪的爱情之花仅仅开了半年就凋零了。失去爱情的那天她知道了什么叫心碎！

有一段时间，谭大豪说自己在准备托福、雅思考试，他想出国发展，邱敏慧也买了相关书目准备和谭大豪一起参加考试。两个人见面的时间变少了，谭大豪对她的关心似乎也少了。一开始邱敏慧以为他是在准备考试，直到有一天同一个宿舍的女友晚上回来神秘地告诉她：谭大豪今天陪一个女孩子逛街，看样子两个人很亲密。邱敏慧对此不屑一顾，她觉得自己把一切都给了他，谭大豪不会变心。

但是很快，传言便成了现实，当她忐忑不安地去谭大豪宿舍找他时，却迎面碰见谭大豪搂着一个满身名牌的女孩子从宿舍里走出来。邱敏慧红着脸，知趣地走开了，就当什么也没看见。那一刻，她觉得自己是只丑小鸭，在两只天鹅面前扭来扭去。

说到这里，邱敏慧说不下去了，我示意她放松一下。

如此觉醒：不想一辈子这样

我理解一个女孩子失去一份真挚的感情时心里是多么的难受，尤其是在大学里，感情是很真实的。我不好再追问，只是默默地看着眼前这个女孩子。

一丝悲伤掠过邱敏慧的脸，又转瞬即逝。她坦言：初恋的感觉总是美好和难忘的，到现在我也不后悔遇见谭大豪，只不过他挽着那个女孩子走过我身旁的那一刻永远地烙在了我的脑海里，烙在我的心里。那次失恋对我的打击非常大，好长一段时间我不知道该如何打发日子，我只记住了谭大豪离开我时说的那句话："慧慧，别怪我，这个社会就是这么现实。说实话，她的性格没有你好，她的脾气挺大的。但是她能给我的你给不了我，我和她好，是因为她家里有背景，能把我直接送出国……"

邱敏慧告诉我，谭大豪后面的话她一句也没听到，就是觉得眼睛被一层雾气笼罩住了。她默默地走开，但是心里在滴血。

后来，她明白，谭大豪不过是吃软饭的主。从小城镇出来的他，家境一般，唯一值得骄傲的是父母给他的一副不错的皮囊，一入大学，他的眼睛盯的都是那些长相还可以，家境比较优越的女孩子。往往是在榨取完那些女孩子的可利用的价值之后，他便以各种借口将这些女孩子抛弃了。

明白了谭大豪是怎么样的一个人之后，邱敏慧颓废了好一阵子，那一段时间她患上了严重的失眠。当姐妹们都进入梦乡的时候，邱敏慧两只眼睛直直地看着天花板，她不愿再回忆那些令人心碎的往事，她觉得自己很可怜，直到现在才终于明白：原来这个世界竟然是这么的现实！海誓山盟抵不住金钱的实惠，我心依旧不过是自己骗自己。自己已经失去了最宝贵的东西,一定要用别的东西补偿回来。

有一刻,她忽然"哧哧"地笑出声来,那晚她彻底觉悟了:假的!都是假的!自己是那么傻!竟然被一个塑料戒指骗得那么惨!

那天晚上,邱敏慧告诉自己:要成为别人的中心,要让别人围着自己转,要让自己成为别人命运的主宰!

转眼到了大三下半学期,邱敏慧不想再待在校园里,她坚决奉行60分万岁!"实用主义"万岁!她用很少的精力把该修完的学分都修完了。她想赶紧离开学校这个伤心地,到社会上闯荡一番,有了一次刻骨铭心的感情挫折,此时的她早已经是一个八面玲珑的人了。

此时的邱敏慧已经发育得亭亭玉立了,她不仅容貌艳丽而且体态匀称;灵气也是十足的,还带着一股清纯的气息,成了有名的"校花"之一。她认为要充分享受自己最美丽的时光。

在一年一度的"欢送全校毕业生文艺晚会"上,邱敏慧作为主持人名冠全校。虽然已经到了大三,但是邱敏慧充分利用自己在歌舞文艺方面的特长,积极活动于学校的各种社交场合。邱敏慧的身后仍然有一大群追随者,几乎每星期她都能收到两三封或炽热火爆或情意绵绵的情书,每到周末都会有人请她看电影、吃饭、跳舞……

所有这些,并不能使她为之所动。邱敏慧知道,自己要的绝对不再是一份简简单单的爱情。她要成为优雅、时尚的白领丽人,好好活给自己看,也活给别人看。

她发誓不再做那种花瓶式的清纯女孩子。她在日记中写道:"女人不只是让别人欣赏的,她还有自己的头脑,还有自己的主见,还有自己的世界!要学会充分利用你拥有的东西!"

在邱敏慧看来,一个女孩子"拥有的东西"是什么?显然是青春和美貌。"充分利用"是什么意思?青春易逝,红颜易老,要充分挖掘现在的资源。

以前谨慎、低调的她现在能用异常平淡的态度应付别人火辣辣的眼光。那些情书,她每一封都认认真真地读,但是读后决不会回信,她把那些信一封一封、整整齐齐地叠好,这些就是自己出众的最好证明。当有追求者打来电话表达爱慕之情时,邱敏慧学会了圆滑和机敏,以前那个腼腆小心的女孩子变了,变成了一个胆大心细，能看透人心的女人。走在校园里，有许多眼睛盯着自己的一举一动，邱敏慧觉得很舒服；出门办件小事，会跑过来几个男孩子献殷勤，她觉得自己成了奴隶主；同性伙伴中有嫉妒的信息传过来，她感到了一种无比的快乐。

邱敏慧告诉我，那个时候她就下定决心了，一定要活得精彩！

荒唐理论：美丽就是女孩子最大的资本！

眼看就要毕业了，大四开学才半个多月，邱敏慧就充分利用了一个以前追求她的男生的关系，轻轻松松地在学校勤工部找到了一个去一家在中国的日本公司打工的机会。

这家日本公司的总经理叫井田，在打工期间，邱敏慧利用一切机会观察井田的喜好，仔细地记在心里。公司里的人都挺喜欢这个长相甜美，善解人意的女大学生。

"为了博得大家的好感，那时我可是下了不少功夫！"邱敏慧告诉我，"我当时的日语基础比较差，我就充分利用和公司里日本员工打交道的机会，狂练日语。因为我知道，要想有发展，我必须要接触那些处在高位的公司领导，而其中的大部分人都是男士。我就每天观察他们。"

我不得不佩服这个有心计的女孩子，我问她："你付出的这些努力得到回报了吗？"

邱敏慧点了点头。

一次公司开大会，邱敏慧本来没有机会参加，但是由于人缘好，部门经理就让她留下了。原来，井田马上要过生日了，他想请公司员工开一个生日晚会，来庆祝他在中国过的第一个生日。他想请一位中文和日语都很好的女孩子当主持人。

没想到话音刚落，邱敏慧就大大方方地站起来，用流利的日语毛遂自荐。当井田得知这位漂亮的女孩子竟然只是一个实习生时，大为高兴。他当众表扬了邱敏慧的勇敢，并让自己的秘书专门和她商量晚会主持的事宜。

接待邱敏慧的是一位看起来很精明的年青人，姓赵。邱敏慧一眼就看出这个赵秘书也是刚来公司工作不久的新人。晚会的准备时间足足有10天，但是赵秘书却一直奇怪他的这位搭档既不打电话到公司，也不见她的人影，毕竟在晚会之前需要串一串台词呀！赵秘书哪里知道，邱敏慧充分利用了这次当主持人的机会，主动接触井田，已经把这位总经理的喜好摸得一清二楚，哪里还用得着和他商量。直到晚会开始前一个小时，邱敏慧才赶到，她与赵秘书匆匆"演习"了半个钟头，就很自信地说"OK"了。

晚会开始了，邱敏慧身着一件曳地白色连衣裙，像一只白天鹅出现在会场；她举止悠然庄重而又不拘束，一举一动似乎都带着舞蹈抒情的意味；她声音圆润洪亮清脆悦耳，像一只百灵鸟在歌唱。霎时间几百双眼睛都被吸引过去……

晚会主持得很成功，邱敏慧独领风骚，而赵秘书能做的似乎只有偶尔附和两句，再就是陪着干笑了。

晚会的最后是交谊舞会。她走到一个咖啡桌旁刚坐下，赵秘书就悄悄地走过来说："邱小姐，我们总经理想请您说几句话。"

井田先生虽说今天就迈进40岁的大门了，但看上去却像30岁左右。开始邱敏慧还怕语言不通彼此交流困难，然而一张嘴，她才知道自己的担心是多余的了，井田先生一口流利的普通话，其普通话水平甚至要胜过一般的语文教员。

"我自幼生活在北京这个城市，我的母亲是新加坡人，他们很早就来北京做生意。我喜欢日本，我更喜欢北京。"井田先生自我介绍后，发出邀请："我们一起跳个舞好吗？"

舞曲悠悠地响起了。井田老板挽着她徐徐步入场中，正在狂欢的职员们不约而同地停下来注目观看，继而爆发出一阵掌声……

井田老板舞技高超，推、扛、带，舞步稳健有力，邱敏慧更是舞林高手，旋转、拧腰、灵活机便。看得出井田先生非常兴奋，他仿佛又回到了20多岁，容光焕发，越发的精神十足了。

邱敏慧敏锐地觉察到这位日本老板有"亲近"自己的意思，于是她就顺势发挥出杨柳随风的本领。几支舞曲结束，井田经理的眼睛就离不开邱敏慧了。

舞终才10分钟，这次不是赵秘书，而是井田先生自己，走过来邀请她与他同台演唱歌曲《天仙配》——这可是事先没有安排的节目！

不用说，他们的配合默契极了。

12点钟，晚会才宣告结束。井田老板亲自把她送上车，又热忱地把自己的手机号码和公寓号码都留给了她。

下车的时候，那位赵秘书，掏出一叠人民币送给她："邱小姐，总经理很欣赏您，这是他给您的 3000 元报酬。请收下！"

邱敏慧很清楚井田老板对自己着迷了，她暗暗对自己说："一定要抓住这次机会！因为这可能是自己命运的一个转折点。"

我问她："一个岁数比你大一半的男人，他想得到的也许只是你的身体而已，你难道不知道吗？"

邱敏慧狡黠地笑着说："嗨，这个社会就是这样，弱肉强食。我不如那个女孩子有实力，所以她可以活生生夺走我的男朋友！有的人不费吹灰之力就能挣大钱，有的读了一辈子书连个工作也找不到。差别就在于，有的人掌握资源，有的人掌握技术。掌握技术的人永远要给掌握资源的人打工。我不想一辈子成为打工者，我想掌握资源。当时那个井田对我很好，他掌握着别人不能掌握的资源。"

说这番话时，邱敏慧是那么自然，而我听到的是那么刺耳！她才 20 多岁的年纪，怎么变得这么"成熟"！这个世界在她的眼里已经被完全"经济"化了！

邱敏慧告诉我："我爸妈老说搞科研才是正路，他们看不惯我的一些做法，我就是要用行动告诉他们，这个社会不是只有一条路才能成功。成功的路径有很多，我要走捷径！"

邱敏慧有意识地展示了自己，她以自己的魅力、活力完全征服了井田，也征服了当晚与会的所有人员。40 岁的井田先生果然行动了，先是派赵秘书驾车来，继而索性自己亲自开着他那辆白色轿车到财经大学的门口接她。他费尽心机变花样讨她欢心：接她到市内的各大公园、市郊的各大名胜场景游览，带她去许多有名的酒吧、卡拉 OK 狂欢，带她进超豪华的酒店吃饭……

邱敏慧很懂男人的心思，她从不主动要求他干什么，但往往是有"请"必应，她明白日本老板是有所"图"的，但她很机智，总是把井田的胃口吊得高高的。尽管如此，邱敏慧知道，要想进入井田的公司，不给他点甜头他是不会帮她使劲儿的。所以井田的"追求"有了突破：周末的一次舞会上，怀里揽着她，他似乎都有些意乱情迷了，昏暗的灯光下，耳边响着醉人的舞曲，最后两人竟然在不觉中紧紧地拥抱在一起，邱敏慧轻轻地吻了吻井田的额头。

一个月后，两人从新开发的风景区回来，车子进市区的时候，已经是晚上 9 点钟了。

"到舍下喝杯酒吧，邱小姐？"说话间车已停在一幢楼前。这里是井田先生的私人住处。楼共有三层，室内装饰豪华不用说，单是房间就有十几个。

井田自称是调酒师出身，到里屋待了半天，才把两杯鸡尾酒端了出来。喝完酒，井田又和她聊了起来。过了一会儿，她忽然觉得浑身燥热起来，脸部也有些发烫，一股热流在胸中冲涌着，头脑也开始发昏，动一动就四肢酥软，她看见井田笑吟吟地走了过去，邱敏慧顺势倒在他的怀里……

第二天一觉醒来，邱敏慧用手轻轻推开井田那并不庞大的身躯，出去洗了个澡，回来身穿睡衣坐在床边。

井田醒来的时候，她正对着梳妆镜梳理秀美的长发……

"我想买一条铂金项链。"她提出了第一个要求。

从此，公司的职员都知道老板有了一个年轻漂亮的情人，学校里的几个同室好友，都恭贺她"傍"上了一个大款。靓女傍大款，谁说不是现代城市生活里的普通景观呢？当然也有一些人在背后说闲话，但她不在乎。

邱敏慧告诉我："当时我的想法很实际。时代发展了，观念也得改变，不能固守那老一套。现在这个社会还有什么是不可能的？传统的'三纲五常'那些封建流毒到今天应该完全剔除；人们都讲求爱情要忠贞不渝，因此男女之间就要保持'性'专一。但是，'爱情专一'难道与'性专一'有必然的联系吗？做大款的情人并不等于自己以后就没有爱情，也不等于自己对爱情就不专一。再说了，现代社会人追求的是什么？说得高雅一点，叫'人的自我价值的实现'，说得俗一点就是'我有资本'，年轻美貌善于社交，所以才能傍上大款，现在伸手就来钱，难道不是实现了自身价值吗？至少在当时，我的价值在一定程度上实现了。"

身边很少再有献殷勤的"奴隶"了，但是外企公司里那部白色轿车可是随叫随到。大四的功课没多少，哪一天闷得慌了，她就拉着她那一帮"姐妹儿"，坐上轿车到某个豪华酒店暴撮一顿。吃完了饭再去买衣服，到大商场的衣帽专柜，让大家帮着挑，看得上眼的，50、200、1000……买，带走，后边自然有人付账。看着女伴们羡慕的神色，她心里甭提有多美了。

40多岁的井田并不是亿万富翁，但是供养一个像她这样的大学生情人，他还是有能力的，也是心甘情愿的。之所以这样做，也是他精神上的需要，长期以来繁忙的商业事务使他有家难归，在异地他乡找一个情人以寄托无聊的情绪又有什么不可呢？邱敏慧也明白这一点，于是一方面她拿出少女脉脉的温清和青春的魅力在一定程度上迎合对方；另一方面她又在花钱上注意节制，争取不超过井田的能力范围，又能恰到好处达到极限。没有多久，聪明的她就为自己存了一笔数目不少的款子。

得意的实践：游戏男人，游戏人生

这年 7 月，邱敏慧从财经大学毕业的时候，也正是井田先生离任的时候，他被总公司调回日本另有他任。井田当然忘不了自己的"小情人"，经他推荐，邱敏慧进入另外一家日本在华企业——松羚公司，在公关部效力，月薪 7000 元。

井田走了以后，邱敏慧算是真正投身到了商界，她开始感觉到了事业的压力。她利用自己出色的社交能力迅速地熟悉了松羚公司的各项业务内容，积极联系业务，为树立企业良好形象献计献策，终于取得了良好效果。公司总裁绝大多数时间在日本，主理公司的执行总裁李凯是中国人，他也开始注意到了邱敏慧的才华。

一天下班后，李凯把邱敏慧叫到了办公室。李凯把送茶水的秘书也打发走了，并特意嘱咐：没有我的允许，谁都不能进来。邱敏慧知道，老板有大事交待。

果然，李凯开门见山地提出：公司有一个重大的任务需要她去完成。原来，松羚公司是做媒体服务技术的，现在某区有一笔预算不菲的政府采购项目，好多公司竞标，竞争非常激烈。据公司打探到的可靠消息，该区外贸局的副局长李振平掌握着这些公司的竞标底价和详细的竞标书，李振平是财经大学的"老三届"，所以公司想请邱敏慧出马，靠近李振平，争取从他的口中得到更多的商业秘密。

邱敏慧说："我听到这个消息时，就感觉自己像间谍一样，而且李凯说的很明白——利用你的美貌，利用你的魅力，更要用你的智慧。公司除了给你提供一切你必须的车辆、资金等保障之外，一切都要靠你自己想办法。事成之后，直接奖励你 50 万元人民币，让你升任公关部经理。"

我问她："你知道这件事对你意味着什么吗？"

"当然！"邱敏慧回答得很干脆，"我知道自己会牺牲许多，可人生能有几回搏？美貌青春都是有时限的，一旦人老珠黄就再也没有人在意你了。所以必须抓紧一切机会，充分挖掘出自身优势的最大价值。"

邱敏慧是这么说的，也是这么做的。

她通过各种手段迅速地找到了李振平的联系方式和家庭住址，甚至连李振平的生日、喜好她都弄得一清二楚。更厉害的是，邱敏慧竟然通过多方打探，得知李振平由于和妻子感情不和，正在闹离婚。邱敏慧利用大学校庆的机会，顺利地与李振平结识。

邱敏慧对我说："结识李振平以后，刚开始时我总有种负罪感。为什么呢？他和井田不一样，我和井田是等价交换，各取所需。但是李振平怎么说也是我的校友，而且他过得并不如意，虽然混到40多岁也混到了正处级，但是家庭并不幸福。为了能离婚，他什么都不要，每天晚上睡招待所。"

我问："那你怎么办？临阵脱逃？"

邱敏慧又给了我一个超出她年龄段的答案："绝对不！人还是要讲信用的，既然答应干一件事就一定要干到底！我不会让李振平吃亏，我在其他方面给他补偿！"

邱敏慧不愧是一个高智商的大学生，也不愧是学经济出身，她很轻松地就用经济学的原理厘清了自己和李振平的关系——交换！当然这种交换的含义很广泛，甚至包括良知！

邱敏慧牢牢地把李振平的生日记到了脑子里，李振平在生日那天收到了邱敏慧发来的祝福短信："剪不断的是校友情，流不尽的是同窗泪。恕我冒犯这样叫你，李师兄，衷心地祝福你生日快乐！今天让我来给你过这个生日好吗？"

李振平感动了。他很爽快地赴约了。酒桌上，只有邱敏慧和李振平两个人，邱敏慧殷勤地给这位正处级老校友斟酒、夹菜。李振平很高兴，他没想到自己面前的这位小校友竟然这么细心，他知道邱敏慧肯定有所求，他也猜了个八九不离十，但是就冲她这份热心，他也觉得很知足。

那天晚上，两个人聊得非常开心，邱敏慧第一次喝了那么多酒！她觉得和李振平聊天非常亲切，虽然李振平要比她足足大了20岁！那天吃完晚饭已经快12点了，邱敏慧扶着李振平走进了早已经开好的房间。

邱敏慧脑子还挺清醒，她向李振平要各个公司投标的底价和投标书。李振平半开玩笑地说："那要看你这个小校友有什么样的公关本事！"

没想到，话刚说完，邱敏慧就抱住了他！两个人顺势倒了下去！

第二天，邱敏慧醒来时已经是中午 12 点多了，李振平早就离开了，床头柜上放着整齐的投标书！

邱敏慧告诉我："我得到了我想要的东西，也没有亏待这个老校友，我给了他 20 万元安家费。当然，钱是公司出的。"

我听完后，不知道怎么忽然想到了邱敏慧的男朋友，当我随口问起他的现状时，又后悔不已。干吗又提她的伤心事呢！没想到邱敏慧却爽快地笑了，"我见过他一次。在美国混了几年，又跑回来了，现在还在一个小公司打工呢！我忽然觉得他那么可怜，男人真是有意思，也真好玩儿。当你需要他时，他说我要离开。当你已经把他忘记时，他又落魄地出现在你面前。不过我已经对他没有兴趣了。此一时彼一时，我已经不再相信什么唯美的爱情了！"

采访必须结束了，因为整整一个上午，邱敏慧一直没休息，她说得很兴奋，我只能打断她。

"小邱，你累了，也该歇歇了。我明天来好吗？"

没想到邱敏慧谈兴正浓，"你要是不饿，就直接听我说完得了。我想，自己的故事快要结尾了。"

迅速蜕变：名副其实的"商业间谍"

邱敏慧出色地完成了任务，给公司成功中标立下汗马功劳！很快，李凯兑现了承诺，邱敏慧顺利地当上了公关部经理，公司奖励给她 50 万元，月薪提升到 12000 元。

邱敏慧告诉我，那个时候，她真的觉得自己是成功人士。当她开着小汽车回家看父母时，明显地感受到了邻居们羡慕的眼神。

邱敏慧说："我们这代人虽然是独生子女，但我们还是讲情义的。我又给了李振平 10 万元，这可是从我奖金里面提的，我想让他经济上富裕一些。老实说，现在官员的级别只有他们自己才感兴趣，有很多官员有权却没有钱。我给李振平钱，是想让这位师兄找个好一点的老婆。"

邱敏慧所说的"快要结尾了"，是指她真的成了名副其实的"商业间谍"！

随着经济的发展，竞争无处不在，愈演愈烈！商战，也是没有炮火硝烟的战争。而商业秘密作为企业拥有的无形资产，在激烈的市场竞争中起着举足轻重的作用。国家工商行政管理局《关于禁止侵犯商业秘密行为的若干规定》第二条规定："本规定所称商业秘密，是指不为公众所知悉、能为权利人带来经济利益、具有实用性并经权利人采取保密措施的技术信息和经营信息。"

生产经营者为了占据竞争中的优势地位，一方面总是积极制造并维系着自己的商业秘密；另一方面却又想方设法去探听并获取别人的商业秘密。商业秘密是现代企业重要的无形资产，它本身就意味着极高的市场价值和潜在利润，维持着企业的竞争优势，其泄露往往会使企业在商战中遭受巨大经济损失，丧失竞争优势，甚至一蹶不振。

媒体服务行业的竞争越来越激烈，对松羚公司构成最大威胁的是一家叫信田的公司。这家公司的老板叫刘巨，是位名副其实的"海归"。两年前，刘巨从美国学成归国创业，他的研发团队掌握着媒体服务的核心技术。

这次，李凯又交给邱敏慧一个艰巨的任务——打入信田内部，获得关键的数据库。之所以让邱敏慧再次"出山"，一是因为邱敏慧刚当上公关部经理不久，许多公司对她还是一无所知，身份不容易暴露；二是上一次接触李振平并获取重要投标情报的事充分反映出邱敏慧的"能力"。

邱敏慧知道，这次任务非比寻常，因为刘巨也是高智商的人才，要想得到他的关键数据库材料谈何容易！

我问邱敏慧："那你是怎么做的？"

邱敏慧的回答很干脆："你知道吗？一般高智商的男人都很自负，他们对自己很自信，觉得万无一失。我知道从正面出击根本不可能成功！其一，我不是学电脑出身，不可能从技术上突破；其二，我不是刘巨的熟人或者朋友什么的，他不可能相信我这样一个外人。"

我不得不佩服这个年龄不大的女孩了，她竟然对男人洞察秋毫。我很好奇："你的这些感受是从哪里来的？"

邱敏慧苦笑："哪里来的？逼出来的！我经历了痛彻心扉的初恋，为了心爱的人付出那么多，竟然被害得那么惨！后来我认识井田，学会了如何抓住一个男人的心；通过认识李振平，学会了如何去打动一个男人的心。这次的刘巨，别看他有高学历、高智商，但是我的情商比他要高！而且我有一个最大的优势——我是女人！人们都说：'英雄难过美人关！'他一样也过不了美人关！"

我立时觉得眼前的女孩子很可怕：像长了三只眼！那第三只眼能看透男人的心！

邱敏慧知道，电脑技术不可能在短期内通过培训得到提升，而且通过破译密码得到重要数据库的可能性也是微乎其微，因为刘巨是学电脑出身，要想破译他的电脑，简直就是"关老爷门前耍大刀"！

邱敏慧在原有的计算机水平上，特意跟着一个公司请来的行家进行了一个多月的高级培训。她还学会了用公司特意给她买的微型照相机照相，也学会了破解文件加密技术。她知道刘巨是美国名牌大学毕业，英语水平相当高。她特意上了英语口语、听力高级培训课，凭着出色的语言天赋，在很短的时间内就把自己的英语水平提高了一大截！

机会来了！

刘巨的信田公司由于业务发展很快，需要招聘能力很高的客户服务人员，这些客户服务人员要有高学历，英语口语也要非常流利。邱敏慧设计了一份非常新颖的求职简历，为了不被熟人发现，她还特意留起了长发，学历上的毕业学校也改成了外国语学院的研究生，有过工作经历。凭着甜美的长相和出色的口语，邱敏慧进了复试。

在复试的当天，主考官只有三位：一位是刘巨，另一位是客服部经理，还有一位年轻的少妇。邱敏慧一眼便看出：这位少妇是刘巨的夫人。

邱敏慧凭借出色的表现得到了这份工作。她知道时间紧迫，每耽误一天，自己的公司就会面临着更为激烈的竞争，效益就会受到更大的影响，李凯给自己的"升任公司副总，年薪30万美金"的承诺就会晚一天实现！所以从进入信田的第一天起，邱敏慧就把自己的特长发挥得淋漓尽致，她凭借着出色的口语和甜美的笑容赢得了信田公司上至刘巨，下至普通职工的认可。尤其是在客服部这样一个关系公司形象的部门，邱敏慧细致周到的服务得到了客户们的认可。不少客户因为邱敏慧的热情服务，又给信田拉来了新的客户。邱敏慧来到信田短短3个月，信田的客户数量就增加了，业务额也增长了。

刘巨很高兴，在公司季度总结会上，他当着全体员工的面表扬了邱敏慧，并直接把客户部经理的位置给了邱敏慧。看着原来那个男的客户部经理成了自己的手下，邱敏慧很有成就感！她知道，自己的第一步计划——"暗度陈仓"已经圆满完成，因为在这段时间里，她已经把能掌握的客户的详细名单和详细情况都源源不断地给了李凯,这些已经是非常难得的商业信息了。就好像两军交战一样,李凯的部队已经发现了刘巨的部队的补给线了,只要一点一点拉拢蚕食掉这些客户,刘巨的信田公司就有麻烦了。

但是邱敏慧真正的目标在于搞到信田公司的核心数据库,这是信田公司真正的"七寸"!

刘巨的妻子李萌是刘巨读大学时的同学,她先是在国内工作供刘巨在国外读书,后来又跟随刘巨去了美国,两个人的感情很深。信田公司一些关键部门,如财务、人事、技术,李萌都掌握着相当多的信息。邱敏慧利用客服部跟各个部门比较广泛的联系,很快就和李萌打成了一片。

刘巨和李萌因为事业都还没有要孩子,邱敏慧利用这一点做起了文章。

邱敏慧对我说:"女人最大的弱点在于太感性!有时候不会用理性思维思考问题。她们真的能为了自己深爱的人付出一切!我吃过亏,不过那时候不懂事。后来我发现,李萌和刘巨不一样,她对公司的事情不是特别上心,她非常想要个孩子!"

邱敏慧很快就和李萌成了无话不谈的朋友,李萌还热心地想给邱敏慧介绍男朋友!一次,刘巨因为忙,没法陪李萌去医院检查身体,李萌就拉着邱敏慧去了妇幼保健院。

在等待检查的空闲,邱敏慧羡慕地问李萌:"李姐,你多幸福!不久也会当妈妈了,你嫁了个好男人!刘总当时是怎么向你求的婚?他都对你说了些什么呀?"

李萌幸福地微笑着:"他说,爱我一万年!"

多么耳熟的一句话,谭大豪当时也曾信誓旦旦地对自己说过这样的话!时过境迁,没想到男人对女人说的山盟海誓也这么相似!

李萌进去检查了,邱敏慧忽然想到了什么。

她对我说:"有时候女人的感觉真的很准!你猜我当时想到了什么?"

我微笑着调侃:"不会是达芬奇密码吧?"

"看来你应该做女人。你的智商也挺高的。我当时就意识到,可能这就是核心数据库的密码!"

"那你下手了?"我问。

"我当然不会那么傻!我才进公司这么几天,不可能接触到这些重要的东西。

我还需要让刘巨更加信任我。我要让他觉得我是信田不可或缺的人才！"

这个邱敏慧真是高智商，她很懂得"欲擒故纵"的道理，在一次国际产品展示会上，她把前来参加开幕仪式的李振平介绍给了刘巨！

当刘巨得知眼前的这个中年人竟然是堂堂的外贸局李局长时，那种欣喜溢于言表！他当然知道，结识了这位大局长意味着什么！

更令他没想到的是，竟然是这个年纪不大的邱敏慧搭的桥！从此，刘巨把邱敏慧当成了自己人。李萌也经常把她叫到家里做伴！

邱敏慧已经完全获得了刘巨的信任，她已经成了公司的骨干。信田公司的各种商业机密都源源不断地送到了李凯的眼前。

李萌怀孕了，邱敏慧更是经常往刘巨家里跑，为李萌约医生定期查体，做各种各样的检查。

一天晚上，李萌给邱敏慧打电话，说她在电脑里存了一些育儿的资料，可是怀孕以后不能再接触电脑、打印机等电子设备，因为这些东西都有辐射，对肚子里的孩子不好，她想让邱敏慧帮忙打印一份。

邱敏慧觉得：千载难逢的机会终于来了！

公司里的员工都已经下班了。打开李萌的电脑，邱敏慧的目标可不光是什么育儿资料，她要找信田公司的商业机密——核心数据库。

果然电脑桌面上一个隐藏、加密的文件夹被邱敏慧发现了，她的心"怦怦"地跳得厉害！

她试着把"ainiyiwannian"几个英文字母输入进去，一敲回车键，电脑的显示器显示：密码错误！

邱敏慧头上冒汗了，因为不能在公司耽误太多时间，李萌都清清楚楚地告诉她育儿资料在哪里了，如果时间长了，她肯定会怀疑！邱敏慧的脑子飞快地旋转，她突然想到，是不是要输入刘巨和李萌的名字才行。

邱敏慧觉得自己的手有些颤抖了，她屏住呼吸，又试着把"liujuailimengyiwannian"几个英文字母输入进去，一敲回车键：啊！！

成功了！

一个个信田重要部门的资料都出现在电脑屏幕上，还有一些邱敏慧根本看不懂的数据！管它三七二十一，她用自己的微型照相机和U盘来了个"一勺烩"！

第二天，当李凯在自己的电子信箱发现邱敏慧连夜给他发的这些附件时，他差点乐疯了,这些照片、数据活脱脱就是一把把匕首,它们就是能将信田公司置于死地的核心数据!

几天后,邱敏慧以去国外"探亲"——大概需要半年的时间,这个堂而皇之的理由从信田公司辞职了。

临走时,刘巨还特意嘱咐她:从国外回来后,信田公司的大门随时向她敞开!

邱敏慧告诉我:"听到刘巨这么说时,我第一次真正感到自己很无耻!与我在的几家外企公司不同,刘巨是真正想做民族品牌的人,他和现在的很多'海归'不同。刘巨有句名言——中国的,世界的。我欺骗了他,欺骗了一个无辜的人!我真的变成了一个臭名昭著的'间谍'了!而且还是利用别人的善良和信任!果不其然,没过几天刘巨的公司就遭到了重创,因为李凯已经抢先一步把一款先进的机型推向市场了,刘巨的公司业务量直线下降!刘巨自然怀疑是'内鬼'做的,很快就向公安局报了案!"

看着邱敏慧有些愧疚的表情,我问她:"真的后悔这么做吗?"

她犹豫了一会儿说:"怎么说呢?我觉得我早晚会遭到报应!我觉得我得到了许多,又失去了许多。我得到了虚荣,得到了别人的仰视,却失去了宝贵的人身自由!"

采访结束时,我送给邱敏慧几本我写的书,她在得到狱警的同意后接过去,开心地说:"我从别人的口中知道您写过好多书,都是关于形形色色的犯罪的书。这几本也是吧?"

我有些心酸地告诉她:"这几本都是一些像你这个年龄段的孩子犯罪的真实案件,希望对你有所启示。小邱,打起精神来好好接受改造。列宁说得好——年轻人犯错误,上帝也会原谅的。"

邱敏慧苦笑了一下:"我现在才知道自由的可贵!我现在才知道家对一个人的重要性。但是对于一个女孩子来说,这样的错误也许是不可原谅的。我的父母是不会原谅我的,我给他们丢了脸。"

那个问题还是一直在我脑海里盘旋,我禁不住还是问了出来:"小邱,我有个问题始终弄不明白。你能说说你的心里话吗?"

邱敏慧调侃道:"你一个大作家,最能看穿一个人的心思,我还能瞒住你什么?"

"我看你在公安、检察院阶段的讯问笔录,你的语气一直很强硬,好像你认为自己做得很对！这到底是为什么？"

邱敏慧也许没想到我会突然这么问她，她低下头沉默了一会儿说："你不知道，我是故意这么说的。"

我大感不解："人家都争取有个好态度，这样也许能宽大处理，你怎么会……"

邱敏慧，这个从采访一开始就从来没有难过的女孩子，头慢慢地低了下去，眼泪一滴一滴，像昨天的雨珠一样滴落下来，突然她"哇"地哭出了声："我不傻，我也知道老老实实交待可能少判我几年刑，但是我真的很想多坐几年牢！自从我出事以来，我父母没有来看过我一次，我听来看我的朋友们说，我妈妈已经被我气得病倒了，她见着熟人就说，我不是她亲生的孩子，她要跟我断绝母女关系。刘巨的公司破产了，李萌生了个女孩儿，但是为了支付拖欠员工的工资，他们卖掉了自己的房子！现在住在租来的房子里。我绝对忘不了在法庭上，刘巨骂我的话——'白眼儿狼！你是中国人吗？！'李萌见到我后竟然气得昏了过去。我毁了一个好端端的家庭！父亲也没有心思上班了，头发一夜之间白了好多。我没有脸再见他们了，我真的想多坐几年牢赎一赎我犯下的罪孽，等出去后去远一点的地方找个工作，我要给刘巨他们一家寄点钱，就当是我对刚出生的小孩子的补偿。我永远也不再进北京城，我没脸再见他们，这里已经没有我的立足之地了……"

也许是我真地触动了这个女孩子心里面最柔软的地方，她哭得竟然那么伤心，我的心也疼了起来。我不知道怎么开导她，人毕竟要为自己的行为负责！

我嘱咐她振作起来，好好改造，就算是为了赎罪也要好好活着。

邱敏慧含泪点了点头！

一个女警察眼里的同龄罪犯

几天后的一个下午，在女子监狱工作人员办公室，我见到了休假回来的负责邱敏慧的管教陈静。陈静也是一位美丽的女子，性格比较直爽。

"王科长已经告诉我了，我一直在休假。"陈静说。原来监狱新闻科的王科长已经把我来过的事情跟她说了。

把采访邱敏慧的情况作了简单介绍后，我说道："我想更多地了解这个人，特别是了解她现在的情况。"

"邱敏慧和我算得上是同龄人。我们处在这个社会的转折时期,上大学开始收费,毕业了不包分配,就业形势越来越差……"陈静分析说,"这个时期整个社会都很浮躁,你说现在的年轻人信什么?无非是金钱!在他们看来,你讲大道理,那纯粹是扯淡!说别的都没有用!"

我笑了:"那你为什么要选择做警察,而且还是一个监狱的女警察?"我知道,作为整个中国公务员体系的一分子,司法部系统管教警察的收入与社会上很多行业差距很大。作为监狱的管教警察,他们不仅收入不高,而且职业风险很大。最为重要的是生活枯燥,如果说犯人是有期徒刑,他们则是无期徒刑。

"我想,可能是喜欢吧。"陈静说:"我父亲是位刑警,抓了一辈子坏人。我有时与父亲顶嘴,我说,坏人是抓不完的。为什么?因为社会会不断制造新的坏人出来。面对坏人怎么办?最关键的是改造人心,让这些'坏人'选择做好人。"

她的眼神里有一种与她年龄不相符合的忧虑。她说:"为什么现在的年轻人的想法与他们的父辈不一样?整个时代,年轻人工作、生活的环境变了,他们选择的余地大了,他们的想法也丰富了,他们父母的人生经验指导不了他们了,他们有权利作出他们的选择了……在他们掌握的资源有限的情况下,让他们去争夺,却不让他们动歪脑筋的想法只是一厢情愿。"

我听得出,她对邱敏慧等同龄人的同情。联系到目前的社会环境,应该说,她的观点有一定道理。

"我不是说邱敏慧这么做是对的,我是说,要想到,他们所处的特定的环境。"陈静继续说道,"问题是,面对同样的问题,你作什么样的选择。有的人可以不择手段,有的人遵纪守法,当然,他们自然有不同的结局。有一位大师说过,'态度决定一切!'我觉得,是'选择决定结果!'很多时候,面对具体的问题,态度是最重要的。看到别人有钱,你怎么办?想来钱快,抢劫银行啊!但是,很多人会说,成本太高。我注意到,最近几年,抢劫银行的案件,没有破不了的,为什么?现在的侦破技术、效率都大大提高了,警察的素质也不是20世纪的水平了。靠这条路(抢劫银行)是行不通的。但是,一些高智商的、高学历的人他不用这样啊。一条电话线,一台笔记本电脑就解决问题了,通过入侵银行的网络就可以盗走成千上万的人民币。当你在银行办理存取款手续时,可曾想过,你的银行账号、账户密码、身份证号等个人信息有可能已被站在你身边的某个人盗走，从而使你的个人信息安全、财产安全面临重大威胁呢？而且，这类犯罪也很难发现。"

陈静说："我和邱敏慧走不同的路，是基于不同的价值观，不同的选择，我们来到世界上，除了享受人生外，还有改造社会的责任。邱敏慧现在的认识、态度、选择与没有被判刑之前有本质的不同，她意识到自己错了，而且是根本性的错了。但是，还有多少像她这样的人，今天仍旧徘徊在违法、犯罪边缘，他们意识到自己错了吗？"

最后，她说："我觉得，你选择的这个课题非常有意思，随着社会的进步，各类犯罪也在升级，出现了智能化的趋势。在这表象背后，是人性的沉沦，我们这一时代的价值观需要重新调整。"

告别陈静，回来的路上，我想起了我的一位学生，时年28岁的孙超群，他也算得上陈静、邱敏慧的同龄人。他是信息工程学院的高才生，在软件编程技术上的才华本可以使他在工作的领域大有作为，可他却步入了人生歧途。孙超群只在银行存过10元钱，但他却能随时随地从银行取出大把大把的钱。在短短半年多的时间里，他就从银行取走了33.8万余元。他利用精湛的电脑软件技术，演出的这一幕令人愕然的事件，最终将他引入了高墙。

孙超群萌生利用计算机修改储蓄业务软件贪污公款的念头，始于他在1999年9月担任某银行江苏省徐州市分行电脑科技部软件维护员期间。同年9月的一天，他到该行下属一分理处花10元钱开户办理了一张储蓄卡，户名用的是他名字汉语拼音的头三个字"SCQ"。晚上，银行的人都下班了，他又像往常一样走进了中心机房，打开电源，登录到储蓄业务网上。很快，活期储蓄账上出现了"SCQ"的户名，他轻轻地滑动着鼠标，将"10"元改成了50010元。为了防止系统内合法校验程序发现他非法修改数据的情况，他又将校检程序进行了修改，使得该程序绕开了市行的核算中心，让核算中心轻易发现不了他的非法操作。

第二天上午，他急匆匆来到一个储蓄分理处的柜员机前，屏住呼吸按下了"1000"元的按键，柜员机立刻吐出了10张百元大钞，他颤抖着把钱收起来，迅速离开了。

一个星期过去了，行里行外没有任何异常的动静，他知道自己得逞了。也就是从这一天开始，成功的喜悦和害怕被查出来的恐惧便像魔鬼一样，始终交替着在他心里翻腾。后来他又分10余次在自动柜员机和柜台把钱取了出来。2000年

3月至4月份,他又相继虚增了一次10万元、一次13万元的储蓄,后陆续在全国各地联网储蓄点取了出来。

2000年5月,邳州支行向市行申请安装一套库存现金查询系统,领导把这一任务交给了孙超群。在编制这一程序期间,孙超群一直在想如何能做到离开银行后,永远地利用这棵摇钱树。于是他用了几天时间设计了一套自动增加"SCQ"存款余额的程序,即当"SCQ"余额低于5万元时,系统就自动将其增加至6万元。为了不留后患,他同时又编制了一套自动删除"SCQ"业务明细的程序。看上去不显眼的几串字符运行到网络系统上后,一个超级银行黑客便诞生了。

试验成功后,孙超群交给市行信息部领导一份辞职报告,放心地离开了银行,去了北京。在北京,他将虚增的13万元提出后,他的自动生成程序立刻启动了,于是余额增到了6万余元。2000年8月5日,他将这6万元提了出来,之后系统又自动将余额增到了6万余元。

这年中秋节,孙超群回徐州与家人团聚。在与哥哥闲聊中听说行里正在查账时,他的脸一下子变得煞白。他哥哥看了一愣,感到有种不祥之兆,于是追问他缘由。经过耐心的劝导,孙超群讲出了实情。他的哥哥听后狠狠地打了他一巴掌,随后他哥哥立即筹款带着孙超群去投案自首。9月25日,徐州市云龙区人民检察院以涉嫌贪污罪对孙超群立案侦查,随后向人民法院提起了公诉。

最终,主动自首的孙超群被江苏省徐州市云龙区人民法院以贪污罪减轻处罚,判处其有期徒刑5年。

孙超群就这样走进了大墙,一颗电脑软件新星陨落了。

听到孙超群出事的消息,作为他高中的政治老师,除了心痛,我还想了很多:社会已进入了知识经济时代,我们的观念跟上时代的步伐了吗?电脑已经走进了社会经济生活的方方面面,而我们各行各业的领导者、管理者又对电脑技术掌握多少?孙超群的案件能否给我们一个警醒:为什么30多万元的非正常提取,银行丝毫没有察觉?是技术上防范不了还是观念上存在问题?

可怕的"木桶效应"!

邱敏慧的案件让我想起了那个著名的"木桶效应"!

盛水的木桶是由许多块木板箍成的,盛水量也是由这些木板共同决定的。若其中一块木板很短，则此木桶的盛水量就被短板所限制。这块短板就成了这个木桶盛水量的"限制因素"（或称"短板效应"）。若要使此木桶盛水量增加，只有换掉短板或将短板加长才成。比最低的木板高出的部分是没有意义的，高出越多，浪费越大；要想提高木桶的容量，就应该设法增加最短的那块木板的高度，这是最有效也是唯一的途径。

错误的人生观和世界观恰恰成了邱敏慧这样的高智商罪犯的"短板"！相当数量的高学历犯罪者和低学历犯罪者在犯罪行为本质以至表现形式上大同小异，区别或许在于前者在犯罪的手段方面有着某种"科技含量""智能含量"。这些高智能犯罪分子虽然有较高的学历，上过好的学校，接受了高等教育，但是在品行上却得了低分。

凭借先天的优势以及后天的不懈努力，花样年华的邱敏慧原本应该朝着自己的锦绣前程迈进，然而，令我们遗憾的是，此刻她却已沦落为高墙内的罪犯。邱敏慧悔恨的眼泪告诉我们：金钱不是万能的！贪欲是人生大敌！金钱换不回来自由，金钱买不回来友谊；金钱弥补不了受伤的心灵；金钱也无法抚平亲人的伤痛！

没有正确的人生观和道德观，一个人越有"才能"，他对别人和社会的危害就越严重！因为高智商会变成"双刃剑"，既割伤了社会，也割伤了自己！

3

情诱之罪

拥有迷人的身段，姣美的容颜，赵雪燕知道自己很幸运，上帝在给予了她令人妒忌的外表的同时，还给予了她智慧——她以高分考取了北京的一所重点大学。如果，当初一直坚持读下去，她现在早已经从金融专业毕业，有一份体面的工作了。

她爱过，恨过，也被伤害过，屡遭打击的她，最终选择了一条逆向的路——放弃。

在北京女子监狱，24岁的赵雪燕接受了我们的采访。

她的确很美，美得让人眩目，身着囚服也丝毫掩盖不了她的光芒。可如今，她却认为美丽带给了她所有的不幸，如果可以选择，她宁愿做一个相貌平庸的普通女孩，过着平凡的生活。

下面的文字根据她的口述整理，希望她的不幸经历，能给那些涉世不深、憧憬浪漫爱情的女孩子以警醒。

17岁的那个晚上

别人都说我像妈妈年轻的时候，都那么美丽，甚至我长得更是青出于蓝胜于蓝。然而美丽的女人不一定幸福，美丽女人背后的辛酸，又有多少人知道呢？

17岁那年，我恋爱了。那时我家还在大连，我在大连某中学读高二，吴毅是我们班公认的帅哥，而我则是班上的白雪公主。理所当然地，我们走到了一起。每天一起上学，一起回家，校园里总能见到我们形影不离的身影。

我永远不会忘记那个夜晚，那个难忘的17岁生日……

"燕，看到了吗，传说看到带红光的流星，相爱的人就可以永远在一起。"吴毅指着天空划过的一颗流星，"以后你的每个生日，我都会在你身边陪伴你度过。"

"毅，我爱你！"吴毅的话，让我仿佛看到了白发苍苍的我们依偎在一起看流星的情景。我情不自禁地扑在他的怀中。

"我也爱你！"吴毅心疼地轻轻拥着我，抚摸着我干燥的双唇，"燕，我要给你足够多的爱……"他用几乎让我窒息的力量搂着我，嘴唇紧紧地印在我的双唇上……吴毅已经有胡须了，扎得我有点疼，但这反而让我的心跳加快了，我感受到一股难言的酥麻感。一米八的吴毅肌肉很发达，闻着他身上传来的阵阵男人气息，我软瘫无力地融解在他的怀中。

过了很久，吴毅才恋恋不舍地把我放开。我却突然有种若有所失的感觉，双手仍紧抱着他不放，"吴毅，我要永远和你在一起，永远永远。"

吴毅温柔地抚摸着我长长的秀发，"燕，今晚不要回去了，我在附近有间屋子，我们去那里过夜，好吗？"

我尽量地克制羞涩，鼓起勇气把自己最美的一面呈现在吴毅面前。我遗传了妈妈细腻白嫩的皮肤，加上修长的腿，拥有这样的身材连我自己都感到骄傲。

"燕，你好美啊。"吴毅被我的身材迷住了，心上人的赞美让我更感到骄傲，我们两人在床上开始拥抱着、吻着……

就这样，在我17岁生日的那个晚上，我变成了女人，变成了吴毅的女人。

上大学后，早开的爱情之花凋谢了

我是个缺少父爱的女孩。我爸爸很好赌，经常一赌就是一个通宵，还输了很多钱。妈妈怎么劝他都没用，有时说多了免不了会吵上一架，甚至我爸还会打我妈妈。总之家里就是不太平，我不喜欢我爸爸，也不喜欢回家。我最享受和吴毅在一起的时光，那时吴毅是世界上最疼爱我的男人，他把我当成一块儿宝，握在手里怕溶了，含在嘴里怕化了。和吴毅在一起的时候我们总是如胶似漆，难舍难分。吴毅家在郊区有一套房子，空着没人住，我们就常去那里，很多时候我干脆不回家，就在那里过夜，父母也懒得管我。

我很享受那份亲密无间的感觉。我把自己都给了吴毅，我的身体，我的心。

我爱他，为了他，我可以付出一切。

然而，命运很快地把我们分隔了，吴毅上了广州的一所大学，而我则被北京的一所重点大学录取了。我一直以为这种分离只是暂时的，因为吴毅在出发前还深情地吻着我，告诉我他会爱我一辈子。我相信他，也相信我们爱情一定会地久天长。

让我快乐的吴毅，想不到也同样地不吝于给我痛苦。

开学一个多月，我已逐渐适应了大学里的生活，轻松之中带着点悠然自得，因为学习不再像高中那么紧张了。在大学里，学生的感情更是无所顾忌地释放出来，很正常地，我的身边照样围绕着很多男孩，有同级、高年级的同学，甚至还有年轻的老师，当然老师的表达方式绝不会像学生那么大胆，毕竟，他们还得维持自己为人师表的形象。这一点也没让我觉得特别的惊喜，因为从小到大，我基本上已经习惯了这种众星捧月的角色。不过我心里很清楚，他们都是冲着我的美丽而来的，他们爱的只是我的外表。但他们却不知道，温柔地拒绝了他们的我，心儿早就被另一个远在广州的吴毅占据了。我深爱着吴毅。一想起他，一想起我们以前共度的那些甜蜜的日子，我就会情不自禁地偷偷笑起来。现在，吴毅是否也在想我呢？

星期天，心情特好的我约了最要好的室友苗佳去逛街，我买了一套白色的裙子，上面点缀着鲜艳的红色。虽然图案并不花俏，但穿在身上很性感，特别是像我们这种年龄的女孩，能充分呈现出青春的一面。那晚我特地穿上了这件新衣服，想不到穿上后比想象中还好看。连苗佳都羡慕地摸着我的身体说："小燕，你的皮肤好嫩啊，像12岁的小女孩，要是你把皮肤给我就好了。"

能得到姐妹由衷的赞美，我心里当然格外欢喜。突然间我好想吴毅，就马上给他打了个长途，话筒里刚传来他那熟悉的声音，我就雀跃地告诉他我今天心情很好，告诉他我买了一件很漂亮的衣服，告诉他我在这里的一切，告诉他我有多么的想他……我只顾着自己不停地说着，说着。

"小燕，"吴毅似乎已没有继续听下去的耐性，他打断了我的话："小燕，对不起，我们分手吧。"

我惊住了。我听错了吗？他在说什么呀？不可能！肯定是我的幻觉！

"小燕，对不起，我……我们分手吧。"吴毅再一次重复着。这一次我是真真切切地听到了，与此同时，我也听到了来自体内的一种清脆的散落声，我知道，那是我的心落在地上，破碎的声响。

我沉默着。

"对不起，小燕，我……我……我有新的女朋友了。"吴毅好像有点不安，或者说他还有点内疚。只是，那都不是我想要的。可是，我还能要什么呢，我还能对他要求什么呢？"不用说对不起，吴毅。我理解，祝你们幸福！"

"小燕，你要保重自己……"

"谢谢，我没什么的，我很好，你也很好……"

我知道自己开始有点语无伦次了，虽然强装镇静，但内心的刺痛却无法抑制。我缓缓地放下电话，刹那间，眼前的世界不停地旋转，我的手在颤抖着，正值秋天的凉爽时分，我却感觉到了无涯的冰冷。这冰、这冷，冷却了所有，感情、思想、身体。

我一边无意识地走着，一边在内心里哭泣、呐喊：吴毅，我最爱的男孩啊，你为什么这样对我，为什么！我们分开还不到两个月，你竟然另觅新欢……除了不停地问自己为什么，我的脑袋里一片空白。下了楼，走出了宿舍，我茫然地走到操场的一个角落，抱着头蹲在地上，眼泪开始一颗一颗，一串一串，最后如决堤的洪水汹涌而出，我无声地抽泣着，承受着无尽的痛楚。

直到我哭累了，哭得已经没有眼泪可流了，我明白我的爱的确已经不在了。可是，即使没有了爱，没有了吴毅，难道我就生活不下去了吗？不！不！我要活得比现在更好！比吴毅更好！

埋葬了初恋的我刚回到宿舍，苗佳便急急忙忙地上前跟我说："小燕，你去了哪里啊？你妈妈刚才打电话说有急事跟你说，我们到处都找不见你。你……"这时，她才注意到我哭得红肿的双眼："你怎么了？小燕……"

来不及向她解释，我连忙往家里打电话，在电话里，我又收到了一个让我更难以接受的坏消息：爸妈离婚了，而且妈妈很快就要改嫁了。

这一天，是我这辈子最黑暗的一天。但我却无能为力。

网恋，降临在我身上的一场厄运

虽然我早就知道爸妈关系不好，但是妈妈和爸爸刚离婚就立刻改嫁给别人却让我觉得有些奇怪。妈妈是很重感情的人，应该不会作出背叛爸爸的事情，虽然爸爸对她很不好。不过我想妈妈是个成熟的女人，她很清楚自己在做什么。

那段日子是最难熬的，吴毅的离去，家庭的变异，让我对男人产生了越来越偏激的看法，我认为男人都是养不熟的，他迟早会离你而去。追求我的男生仍然不少，但我对他们还是一个都没放在心上，也许是怕了爱情，也许是怕再次受到伤害。

那时我们宿舍里已经可以上网了，我学会了网上聊天，认识了一个叫荷青的男孩。我并不相信网恋，我的同学有不少搞网恋的，都是见光死，无一幸免。然而我和荷青却很有共鸣，我说的话他都能理解，仿佛他能透过网络看到我的思想。荷青自称是北京某著名大学的理科学生，而我们学校的女孩一直都没来由地对他那所学校的男生存在着好感，因此我决定放下自己的一些想法，和他交个朋友试试看。

经过近半年在网上的长跑式聊天，我们已经像两个老朋友一样熟悉了，每天晚上，我都要在网上和他互道晚安之后，才上床休息。

在网上，我们聊了很多：我每天的课程，活动，还有他们学校每天发生的趣事……慢慢的，我好像对荷青有感觉了，我爱上他了。要是哪天他有什么事耽误了，上不了网，我那一整天的心情就像焉黄瓜一样，无精打采的。

我觉得，荷青也是爱我的，最主要的是，他不会像那些在我身边追逐着的男孩子那样，只爱我的美丽。他是真的爱我这个人。而这，也是我一直在寻找的爱情。

终于，有一天我再也忍不住了，我在屏幕上键入了"我想见你"四个字。很快，荷青就回复了"我一直在等你说这句话"，还附着一朵娇艳的红玫瑰。

我醉了。

我们相约在酒吧见面。那个盛夏的夜晚，刚好下过雨，周围散发着一股清凉的风的味道。作为女孩子，在和陌生人见面这件事上我还是比较谨慎的，我选了一间我们学校附近的，我比较熟悉的酒吧，还叫上了苗佳一同前往。我想，真要有个什么事，两个人也好有个照应。当然，我绝对不能让苗佳抢了我的风头，我穿上那套白色的短裙，精心打扮了好几个小时。苗佳虽然不认识荷青，但我经常在她面前提起我的这个网友，她也觉得荷青很不错。经过一番长时间的准备，我们开开心心地出去了。

我们不知道一场厄运正在等着我们。

我真不该带苗佳同去的，这件事，我至今想起来仍觉得很歉疚。

荷青准时赴约，他给我们的印象很好，风度翩翩，谈吐得体，很有气质，他的外形让我们完全相信他真的是来自那所高校，不知不觉中我们也放松了警惕。

正当我们聊得起劲的时候，渐渐地觉得有些不对劲了，我和苗佳都开始觉得有点累，有昏昏欲睡的感觉。事后我们估计是饮料里下药了。之后我们就像喝醉了酒，意识逐渐模糊起来。朦胧间，我只觉得被人扶着走出了酒吧，然后就什么都不知道了。

……

我无助地任由着男人在我身上为所欲为，强烈的羞辱和痛楚终于让我如愿地昏过去了。

仿佛经历了一个世纪那么久，模糊间我听到了苗佳哭的声音。我努力睁开双眼，眼前的一切差点让我又昏眩过去，他们竟然拿着相机在给我和苗佳拍裸体照……

"要是报警的话，那就很抱歉了，我的兄弟会让你们俩的裸体照贴满整个学校。"说完，他们扬长而去。

这时，我才发现自己的胸部和大腿满是指甲的伤痕，这些禽兽，把我折磨得遍体鳞伤。我害怕极了，全身的骨头像散了架一样。

苗佳，可怜的苗佳也和我一样伤痕累累。

"苗佳，对不起，都是我不好，连累了你。"我抱着苗佳，两个人都痛哭起来，"我们去报警吧，让那些魔鬼得到应有的惩罚。"

"不，不要。"苗佳哭着望着我，"小燕，我求你，你千万别报警啊，不要让其他人知道这件事，如果让我男朋友知道我被人强奸过，他一定会离开我的。小燕我求你，我很爱他，我不可以没有他的。"

我看着苗佳，一想到昨晚是我叫上她一起来的，心里就一阵刺痛，是我害了她，对于她这个小小的要求，我还能拒绝吗？"好吧，我答应你。对不起，苗佳，是我对不起你。"

"不，小燕，是我自己愿意来的，我们永远都是好姐妹，今晚的事我们就当没发生过，忘记它吧。"我们抱在一起哭了很久，才穿好衣服离开那里。这时我们才发现这里是郊区的一间没人住的空房子。

一回到学校，我们一刻也没耽搁，马上去洗澡，一边哭着一边狠狠地替对方搓着身体，直到彼此的皮肤都红了、痛了，我们疯了一般站在水龙头下不断地冲洗着，极力冲刷着魔鬼留在我们身上的耻辱。

不过这件事还没完，尽管我们都一厢情愿地想忘却这一切。

……

在人生的障碍赛上，又一次被绊倒了

大一下学期，一个星期四的上午，一辆警车开进了宁静的大学校园，也打破了我和苗佳一直小心翼翼维护着的"宁静"。我不知道对于我和苗佳来说，警察带来的究竟算是好消息，还是坏消息。

也许，真的是应了古人的那句话"恶有恶报"，那几个禽兽因为犯了别的事被警察抓了起来，他们同时也把以前对我们所做的兽行交代了出来。警察到学校来，是向我们调查取证，并希望我们能到法庭上做证人。

一下子，整个校园炸开了锅。虽然警方一再要求学校尽量缩小这件事的知情范围，但是，在有人的地方，小道消息总是会像长了翅膀一样满天飞，关于我和苗佳的遭遇，各种不同的版本"有根有据"地流传着。我和苗佳无时无刻不处在"关怀、同情"的目光下，无路可逃。

因为这件事，苗佳的男朋友和她分手了。他对苗佳说："我知道错不在你，但我真的没办法让自己忘记曾经发生在你身上的这一切……"

在他们分手的那天晚上，苗佳拉着我一路狂奔到操场，"他要和我分手了，小燕，我该怎么办……"她抱着我痛哭，泪水把我的衣服都沾湿了。我不知该对她说些什么，唯一能做的，是陪着她一起哭。夜幕下，空荡荡的校园里只有我们两个单薄的身躯紧紧地抱在一起抽泣着，我们做错了吗？我们也是受害者，为什么要无辜的我们来承受这些……我眼睁睁地看着自己和苗佳慢慢地、一点一点地往下沉，往深渊沉去。

"小燕，我受不了了，我再也不能在这学校待了……"在回寝室的路上，苗佳突然很坚定地对我说了这句话。我知道，她已经决定了，我阻止不了她。

第二天，苗佳办了休学手续，带着简单的行李，还有她心爱的小说离开了学校。

"苗佳，记得一定要给我来信。"在学校门口，我们最后一次拥抱在一起，哭着。

看着苗佳渐渐远去的孤独身影，我想到了自己。我呢？我还要在这里继续接受所有人的目光洗礼吗？我又还能支撑多久呢？我不知道。

还好，还有一个星期就放暑假了，我可以暂时离开这里，回到家里利用这段时间好好想想，自己究竟应该怎么做。

爸妈离婚后，我和妈妈生活在一起。妈妈改嫁到了天津，暑假我自然也就要回天津的家。我以前见过我的新爸爸，说句心里话，我一点都不喜欢他，我一直都拒绝叫他"爸爸"，而是称他为"大伯"。我不知道妈妈认识他有多久，才刚一离婚就选择了他，不过既然是妈妈选的，就有她的道理。他总有值得她爱的地方。

火车上，我有点忐忑不安，毕竟是第一次回去和大伯长期生活，总觉得心里怪怪的，像打翻了五味瓶，不知是何滋味。

到了天津，看着这座陌生的城市，我长长地舒了一口气，在心里默默给自己鼓气，也许我能从这里有一个全新的开始。

按照妈妈给我的地址，我找到了大伯的家。对于大伯，我现在唯一了解的就是他比较有钱，因为眼前的房子看起来很不错，这小区应该是属于高端住宅区。

"叮咚……"我按了下门铃，只响了一声，就有人来开门了。

"大伯。"我没想到来开门的会是他，大伯两个字也叫得格外僵硬。

"噢，小燕，回来啦，快进屋吧。"大伯很热情地招呼着我，还主动帮我拿行李。大伯有着一副典型的中年男人的身材，从脸上的表情可以看出他是一个十足世故的商人。不知为什么，我一直对他没太多的好感。也说不出是为什么，也许这就是女孩的直觉吧。

他帮我把行李拿进了房间。我四周看了看，才发现妈妈不在家，可能是出去了。屋子里只有我和大伯两个人。虽然他是我的继父，但毕竟还不熟悉，而且屋里只有我们两个，我的心里稍微掠过一丝不安。

"来，小燕，喝杯水吧，坐了差不多两小时车，一定又渴又累的了。"大伯很热情地给我倒了杯水，就顺势在我身边坐下来。

"谢谢大伯。"我显得非常不自然，老是觉得自己好像是一个客人。我和大伯并排坐在客厅的长沙发上，很局促地聊着。

我希望自己的不安是多余的。

聊着聊着，我觉得有点口渴了，便从沙发上欠了一下身子，端起水杯，而接下来发生的事情却吓得我一动也不敢动，手里拿着的杯子刹那间停滞在半空中，我感觉到大伯的一只手从背后慢慢地揽住我的腰，我竭力说服自己那只是大伯向我表示一下友好的态度。然而，事情总不是向我想象的方向发展，大伯越挨越近，手也越收越紧。"小燕，你长得真漂亮，在学校一定不少男生追你吧？"大伯开始用色眯眯的眼神扫描着我隆起的胸部，我第一次完全理解了眼神是有压力的说法。"不，也没有的，在学校大家都主要是学习，也没啥心思去想这些问题。"我搪塞着他，心里盘算着怎么摆脱险境。糟糕的是，这房子的隔音效果很好，外面根本听不到里面的声音，也就是说，即使我呼喊也没用。也许正是因为如此，大伯他显得很从容，很有信心，而且大伯的身材很魁梧，要制服我简直是轻而易举，因此我必须等待机会逃离。

大伯似乎也意识到了我在心里盘算着办法，他用左手把我圈得更紧了，右手开始往我裙下摸去。我一急，也顾不了有没有用了："大伯，不要这样……"我站起来想挣脱他，可是一下子就被他按回了沙发上。大伯开始凶相毕露了。

"叮咚，叮咚……"正在这时候，有人按门铃了。是妈妈回来了。

我侥幸得以逃出魔掌。

"妈妈，我忘了学校还有点事，我先回学校去了。"没等妈妈反应过来，我就冲出这个所谓的"家"了。

"你的行李，小燕，你行李还没拿呢……"妈妈追出门口，我已跑得无影无踪了。

后来我才知道，我的亲生爸爸因为赌钱欠了很多高利贷，他扔下我们母女俩自己走了，是大伯替我们还了债。妈妈说他这个人也不是非常好的，但当时也只有他能帮我们脱离困境，否则放高利贷的为了钱什么事都能做得出来，加上他对妈妈也挺好，妈妈才决定跟他。妈妈还叫我不要和大伯太接近，尽量不要单独相处。但是妈妈没有想到的是，我已经领教了这个男人的猥琐与好色。我没有跟妈妈说这件事，因为妈妈已经够惨的了，我不想徒增她的伤心和烦恼。只是那次以后，我没有再回去过天津。

放纵的沉沦，在罪恶的旋涡越滑越远

美丽也是一种罪过吗？从天津逃回北京的火车上，我想了很多，最后决定不再回去学校了，不再念书了，我不愿意再看到大伯，更不愿意向他伸手要学费。我要工作，我要靠自己。

在朝阳区的一处出租房，我找到了苗佳。离开学校后，她一直在一家饭店做坐台小姐。看着我失魂落魄的样子，苗佳什么也没有问，她让我在屋里先洗个澡，换上她的一身衣服，然后拉着我去了一家环境很幽雅的西餐厅吃饭。尽管当时餐厅里还有其他的客人在，可我，看着苗佳关切的眼神，眼泪开始失控，在脸上不停流淌。

......

步苗佳的后尘，我也做了小姐。那时，我想既然自己已经是残花败柳了，不如趁年轻挣点钱活得潇洒一些。在风月场上，我混得如鱼得水，也学会了许多榨取钱财的高招。我觉得自己以前太懦弱、太愚蠢了，爱情没有了，剩下的无非是物欲。这年月，谁有钱谁潇洒，读大学有什么用，无非找一份体面的工作，体面的工作能带来我需要的金钱和快乐吗？我的胆怯使我一再被人欺辱，现在的社会就是弱肉强食，我为什么不能凭借自己的姿色和智慧在这里闯出一番天地？有钱的男人到这种场所来，无非是图个乐子。如果能敲他们一笔，岂不比直接"卖肉"赚得更快更多？……这些事情，我想了很久，也观察了很久。

2000年4月，我认识了五十出头的宋强。据说宋强在北京西郊算是一个事业有成的人物。他不仅承包了建筑队，赚了不少钱，而且妻子贤惠，儿子孝顺。他的家庭让不少人羡慕。也许是日子过得太红火了，他在外边的行为有些不检点。

4月的那天，我接到"妈咪"的电话，为宋强"服务"。我上楼进到包间后，宋强就开始动手动脚，我不同意。宋强说，你不干这（卖淫），到这儿来干啥？后来，因为怕他会向"妈咪"投诉，我只好和他发生了性关系。第二天，对我的表现很满意的宋强又打来电话约我，我没去，我决意吊吊他的胃口再说。

没有想到的是，饭店老板同妈咪因为利润分配问题闹翻，饭店也因收容妇女卖淫而被查封。宋强和饭店的一些"老主顾"也同时被公安部门处理。我当时因为在另一家饭店坐台，侥幸躲过一劫。

2000年7月，我在另一家饭店坐台的时候，又遇到了宋强。后来，我把他约到我一个朋友的住处，还拍了好多我们在一起做那事的照片。当时，宋强很兴奋，也很好奇地配合着相机的角度。他没有想到，这些照片会给他带来一场灾难。

第二天，我找到宋强的办公室，一改过去热情的面孔，冷冰冰地对宋强说："咱俩那件事，你得给我钱。"

"我已经给过你出台费了呀。"宋强有点不解。

"你不想看看这些照片吗？要不要我寄给你老婆，让她也欣赏一下自己的老公在外面有多威猛？"我拿出那一叠不堪入目的照片放在他桌面上。

"你，你……无耻！"

宋强气得脖子都红了。他一把抓过照片，愤怒地撕着。

"我无耻？彼此彼此！"我冷笑着，"别想着歪的，不给钱让你身败名裂；动我一个指头，我的姐妹们会让你坐大牢。"

也许是真的怕丢人，宋强一下子就安静下来了，想了还不到两分钟，就掏出钱包给了我 2000 元。但他却不知道，有了第一次，他就完完全全掉进泥沼里了。正是因为他这一次太容易认输，让我有了极大的把握继续从他身上榨钱。

当年 10 月，当宋强在某家公司施工时，我又一次找到了他，这次我的价码更高，开口就要 4000 元，同时还要求宋强留下住宅电话。因为是在工地，宋强不敢太张扬，乖乖地送上了 4000 元。

两次索钱的得逞，使我的胆子大了起来。后来嫌亲自找宋强太麻烦，我干脆打电话通知，让他随时送钱给我。

就这样，在不到两年的时间里，宋强先后给了我 42000 元。

我知道，宋强的妻子是个老实贤淑的女人，她很爱自己的家庭，更为家庭的"主心骨"——孩子的爹感到自豪。丈夫能挣钱，她认为丈夫当然有权支配家里的钱。

我的电话，宋强的妻子也接过，让我万万没有想到的是，她没有埋怨丈夫，还和他一起给我送钱。

第二年夏，我又让他们给我送了 6000 元。我收下钱后还写了收条，并发誓再也不要了。

同年秋天，我没守信用，又给宋强打电话，要 4000 元。一方面是我妈妈病了，的确需要一大笔钱；另一方面我也很享受这种牵制别人的乐趣。

这个家庭的一次次妥协，我的要求的一次次得逞，使我更加肆无忌惮。2002 年夏天，宋强的大儿子有病，一家人都在西郊的一家医院。我闻讯后又追到了医院，开口就要 4000 元，不然我就去"闹"。虽然儿子住院也急需钱用，可为了"面子"问题，宋强只好又去找人借了 4000 元，在医院里给了我；2002 年底，宋强的二儿子准备结婚，我打电话给宋强，要求将 5000 元送到我的手中，宋强东拼西凑的，又按时给我送来了 5000 元。

面对我的一次又一次无止境的要求，被弄得焦头烂额的宋强，再也不敢存有幻想了，于是到派出所报了案。

在我最后一次让宋强给我送钱时，被警察逮个正着。

温柔陷阱下，多少青春梦碎？

赵雪燕对自己的犯罪事实供认不讳，而且她所交代的事实与宋强报案的材料基本吻合。很快，这一起失足女敲诈案进入了司法程序。

北京海淀区人民法院开庭审理了此案，法庭经庭审后，以敲诈勒索罪依法判处被告人赵雪燕有期徒刑4年。

赵雪燕，一个才貌双全的女大学生，沦落为失足女性，更滑落为一名罪犯，这一个案让所有的办案人员感触良多。是的，她是经历了一些加诸她身上的变数：初恋男友的变心，父母的离异，母亲的再婚，继父的不尊，还有不慎交友导致的被强奸……几乎世上有可能发生的不幸全落在了她的身上，她应该愤怒，应该有所不满，这也是正常人的反应。可是，愤怒过后，她应该勇敢地站起来，因为既然这么多的不幸她都走过来了，还惧怕什么呢？可是，可是，她选择了放弃，放弃了尊严，放弃了理想，放弃了希望……

人生原本就是一场障碍赛，在赛道上，我们需要跨过一个又一个的障碍，最后才能到达终点，接受喝彩声与掌声。

遗憾的是，青春寻梦路上，还有不少女孩为自己的愚蠢行为付出代价。

在女子监狱，我采访了另一个女孩赵晓兰。她在我面前坐定，一脸难以掩饰的稚气仍然无法让我把面前的她和"诈骗"这两个字联系起来。我面前的这名女犯，身高1.68米左右，身材略显丰满。她齐肩的长发，瓜子脸，弯弯的蛾眉下，一双大而明澈的眸子里，看不出一丝身陷囹圄的忧伤。相反，那两痕稍稍翘起的嘴角，似乎时刻满含着笑意。尤其是两个脸颊上浅浅的酒窝，掩饰不住她尚未脱尽的稚气。

我不觉有些困惑：像她这样看上去如此清纯可爱的少女，受过一定的教育和都市生活的熏陶，是怎么与一个设局诈骗的罪犯，并且是惯犯联系到一起的？在提讯室里，听着赵晓兰对自己成长经历和犯罪事实的讲述，我逐渐找到了答案。

就是这个赵晓兰，因多次诈骗被判处了6年徒刑。

她告诉我，接到判决书的那天，她刚在看守所过了18岁的生日。从淳朴的农家女孩到阶下囚,赵晓兰走上了一条让人痛惜的路……

在监狱服刑的她,现在回首往事时,已经有了一些悔悟。

对于我来说,虽然接触了许多这样的女性罪犯,却仍然无法摆脱那种痛心疾首的心情。她们不是太年轻就是各方面的条件太优越了。但是往往就是这种人,才更加不满足于生活的现状,总是抱着侥幸的心理,去做铤而走险的错事。有的甚至直到锒铛入狱,还不能彻底地醒悟。

赵晓兰知道自己错了吗?她为自己的行为感到羞耻和悔恨了吗?起码从她的表情中,我没有看出来。或许是诈骗犯罪的经历使她学会了,或者说是更加善于把心事隐藏了吧。对于当时的我来说,我宁愿她是我猜测的后一种情况。

赵晓兰故作轻松地摆出一种随意的坐姿,表示出她对一切的无所谓,蔑视一切给她带来的压力。但她一定不知道,就是这种充满男性味道的坐姿,使我的心里油然升起一种轻微的厌恶感。

赵晓兰交代说:

"我今年17岁,老家在山东省泰安市东平县。我的父亲是一位出卖劳动力的瓦匠,母亲务农。我是家中的老五,上边还有一个哥哥和三个姐姐。我读完初中后就辍学了。

农村的生活的确像我爸爸形容的那样,是极其艰辛而又单调乏味的。我辍学以后才刚刚过了两个多月,就对这种日子感到了强烈的厌倦。那时候家里有电视了,不过这更不好了,电视上精彩的外部世界在连续不断地招引着我,不断地对我施以强烈的、几乎是不可抗拒的诱惑,使我将一个农村少女的想象力发挥到极致。我开始深深地向往起都市生活灯红酒绿、靓女酷哥、轻歌曼舞、荣华富贵的生活,后来几乎到了茶饭不思、夜不成寐的程度了。

国庆节后的一天,16岁的我怀着追梦的幻想,跟随一位在外打工多年的邻村远房表姐,背井离乡地来到了北京。

北京是我梦想中最为渴望的、天堂一般的世界。那宽阔的马路、林立的高楼、繁华的街景、琳琅满目的大商场着实让我这位农村土生土长的、从未出过家门的少女大开眼界。那些衣着时髦、举止大方的都市女孩更是立即成为了我的偶像。我一下子就认定了,这里才是我渴望已久最适合自己生存的地方。

经过那位表姐的辗转介绍,我很快在北京华威合资商厦找到了一份收银员的工作。在如此繁华和客流量如此巨大的商厦里做收银员,对于一个初来乍到的农村少女来说，无疑是一份天上掉下的美差。因此，我对这个第一份工作十分珍惜，上班的时候也很认真、卖力和负责，凡是从我手中经过的账目，从来没有分毫的误差。

可是即便如此，我的心里也很清楚，自己是绝对不会在这个岗位上做很长时间的。我从小就是个这山望着那山高的角色。这是我爸爸说的。他说得一点也没错，我完全就是这样的人。据说这个毛病如果在女孩子的身上，是件相当危险的事。

干了一段时间，我逐渐对收银员的工作不满意了。我开始抱怨上下班时间的刻板约束、抱怨整日埋头柜台收银的忙碌、枯燥。尤其令我难以忍受的是，虽然每天过手的钱成千上万，而自己辛劳一个月下来才能挣到那么区区的几百元，除了房租和饭费，已经所剩无几了。我不是个会勤俭持家的人，尽管从小的家教不允许我铺张浪费，可是每月这几百元的微薄收入实在已经让我这样一个生活在北京的女孩捉襟见肘了。于是，我心里的天平逐渐失衡，以往工作时专注的目光也开始游移。看着那些有钱人在柜台前趾高气扬地向我们这些服务人员指手画脚，他们往往出手大方，却又时常显得斤斤计较，常常是难为完服务员之后才拎着大包小包心满意足地离开。而我自己呢，却从来没有体味过那种潇洒大方、一掷千金的豪爽。这未免使我心中渐渐地升起一种强烈的酸楚和不平来，收银员的位置也慢慢地开始使我如坐针毡了。工作闲下来的时候，我用手托着腮帮，常常目不转睛地盯着某一个地方痴痴地看着，心里在思谋着挣大钱的门路。我下定决心，要彻底使自己换一种全新的活法了。

这年2月，在'不辛劳还能挣大钱'的想法的诱惑下，我终于辞去了收银员的工作，毫无留恋地离开了华威商厦。

当然，在此之前我一定是经过了一番深思熟虑的。我当然有自己的原则，那就是可以出卖灵魂，却绝不能出卖自己纯洁的肉体。因为我深知，在当今的这个社会里，一个年轻而颇有几分姿色的女孩子想挣钱真是最简单不过的事情了，只要她甘愿舍弃另外的一些东西。那些东西，对于一个女性来说应该是最为宝贵的。因此，我不会那样做的。如果我甘心那样做，我早就可以接受前来华威商厦购物的客人的邀请了，只要简单地陪他们吃饭、陪他们跳舞，甚至陪他们上床，收入就会相当可观的，而且还会生活得很潇洒和自由自在。但是那样，我就算是堕落了。那可是我绝不心甘情愿的。我这么小小的年纪，还没有品尝过被无数人讴歌过的爱情的甜美。甚至于，我还不曾有过爱情呢。

没有了工作的羁绊，我的生活的确比以前自由多了。不用再起早贪黑、不用再冒着严寒酷暑去挤公共汽车、不用再小心翼翼地看着经理的脸色、不用……可是我同时也失去了固定的收入来源。更为糟糕的是，挣大钱的活儿远非我想象的那么好找。如此，本来就不阔绰，而且时常追求一掷千金般潇洒的我手头就更是拮据了。没有钱就潇洒不起来，就不能和城市的那些时髦女性一样享受生活了。我苦思冥想，对着镜子里的自己，一个邪恶的念头像酝酿已久的火苗忽然不可遏止地从心底窜升出来。就这么干！"

根据卷宗所记载：

北京某出租汽车公司的司机赵××反映，2003年3月7日13时左右，他开着一辆红色的夏利出租车在北京西直门桥附近焦急地转悠着。那天他是早上7点钟出门的，到了下午1时才只拉了一个10元钱和一个11元钱的客人。这点钱连吃顿午饭都不够。而且到了现在，已经是老半天没"趴"到活儿了。眼看时已过午，连饭还没顾得上吃呢，更别提当天200元钱的"车份儿"了。想到这些，他的心中不免着急起来，焦躁地抽着烟，目光在街上四处睃巡。这时候，赵××猛然看见前边不远处有一个姑娘在向他招手。他边发动汽车边打量着这个漂亮的女孩。

赵晓兰继续说下去。

"我一招手，出租车很快停在了我的面前。我装出一副急于赶路的样子，匆匆地坐到前边的副驾上，急切地吩咐道：'师傅，麻烦您到海淀区妇产医院。'

在汽车行驶的过程中，我用眼角的目光偷偷打量了一番即将下手的对象。只见这位司机30出头的年纪，相貌还算周正，衣服倒很是高档的样子。他的上衣口袋里揣着一部'爱立信'牌子的新型手机，仪表盘上放着半包'骆驼'牌进口香烟。他装作全神贯注地开车，却偷偷地窥视我裸露的双腿。

这个司机的种种特点比较符合我的想象，我很满意，于是暗自开始第一步表演了。

我拿出自己的手机，随便拨了一个号码，假装给别人打电话，大意是让司机明白，有人病了正在住院，需要交押金什么的，样子显得非常着急。汽车行至天成市场附近的时候，我转过头，对司机客气而焦虑地说：'先生，我的一个表姐病了需要钱，我身上没带那么多，我把手机先押你这儿，你能不能先借给我500元？'"

卷宗记载：

赵××见身边的女孩一脸的焦急,漂亮的额头上渗出了细密的汗珠。想到她是为表姐看病,又主动把手机押给自己,心想助人为乐一下吧,反正还有手机呢,就算被骗了也是值得的,毕竟还落了一部手机呢。想到这里,就痛快地拿出了500元钱。

女孩接过钱,也没来得及清点一下就把手机递给了赵××,说了句:"麻烦您等一会儿,我去去就来。"女孩下了车就行色匆匆地走进了天成市场。

赵××坐在车上,一边把玩着女孩的手机,一边想感叹现在的女孩真是了不得,小小的年纪,倒像个结婚了几年的丰腴少妇。他点上一支烟心想:这个妞儿别是做那种生意的吧?可是看着挺纯的呀!

赵晓兰交代下去。

"我在天成市场小转了一下,过了大约10分钟,估计火候到了就连跑带颠地回来了,依然很焦急地对司机说:'师傅,真不好意思,我表姐住院用的钱挺多,借了点儿还是不够,要不你带我去西直门把手机卖了得了。'"

卷宗记载:

赵××让她先别着急,有话慢慢说。他说手机现在卖不出好价钱,最好别去。女孩急得直跺脚,恳求地对赵××说:"那怎么办啊?"想了片刻,她试探地说:"先生您能不能先借给我两三千块钱?今儿个下午我把您的车包了,给您300元车费,下午五点以前我就可以从银行取出钱把欠您的钱连同车费一块儿还给您了。您看好不好?"

看着女孩满脸的焦虑,想到一下午就能挣到300元车费,特别是还能和这个姑娘长时间待在一起,赵××动心了,心想看你能跑到哪里去呢?于是便说:"走吧,我给你拿钱去。"

赵晓兰继续说下去。

"司机显然是相信了我的话,于是带着我回家里取了2000元钱,连同自己口袋里的500元一起交给了我,然后又驱车把我送到了海淀妇产医院。

大约过了不到15分钟我就出来了,告诉赵××拿钱的人不在这儿,在零点酒吧等着呢。于是,我们又开车去了零点酒吧。

到达地点以后,我盛情邀请司机一起进去等。他没有丝毫犹豫,大咧咧地进去了,还坐到了我的对面。

我要了两杯饮料,自己却顾不上喝,只是故意焦急地向门口张望。司机又上当了,自作多情地尽量用语言安慰我,还给我讲了几个略带黄色的笑话。我的神情似乎渐渐地放松了下来,脸上也有了笑容。这时候酒吧里响起了一支柔和的曲子,司机就说:'你别着急,我请你跳支舞吧。'我假意叹了口气,说声谢谢,大大方方地站了起来。

在舞池中,司机故意和我贴的很近。这个家伙简直有些晕了。"

卷宗记载:

据司机赵××说,后来一曲舞罢,那个女孩最后看了一眼手表,说:"不等了,干脆给她送去吧。"她见司机同意了,就让他先等一下,自己去一次洗手间。

司机的双手仿佛还搂抱着女孩性感的臀部,也没有在意。过了十多分钟,还不见她回来,他才感觉不对劲了,同时他也发现女孩的手机和随身的拎包都不见了,于是急忙叫来服务小姐,请她帮忙去看看。服务小姐看完后回答,"卫生间里没有人,里边的人可能从另一个门出去了。"司机才知事情不妙,忙围着酒吧四处寻找。但是哪里还有女孩的踪影?

当司机赵××为遭骗后悔不已的时候,赵晓兰则正在另一家快餐店为自导自演的这一幕骗局而自鸣得意。她万没想到自己只是略施小计,居然就能把一个老司机骗得晕头转向。数着手里轻易骗来的3000块钱,赵晓兰不禁有些飘飘然了,世间竟有如此轻松的生财之道吗?

卷宗记载:

时隔两天,也就是2003年11月10晚9点多钟,在夜幕笼罩中的北京当代商城门前,当出租车司机杨××将车慢慢开向一位示意停车的少女时,他做梦也想不到自己将同司机赵××一样,正在步入一个温柔的陷阱。

赵晓兰交代了这一经过。

"今天我显得格外有信心。我利用自己的年龄优势,着意修饰了一番,使自己看上去更像一名在校大学生。这次我特别动了心思,连等车的地点都是精心选择的,因为这里距离一所大学很近。

司机刚刚将车停稳,我就迫不及待地拉开车门坐在了前边的座位上,急切地对他说:'师傅,快去三〇九医院。'"

卷宗记载:

据杨××反映,他看着身边的漂亮女孩焦急的样子,边启动车边随口问了一句:"干什么这么急啊?"女孩依然是急急地回答:"我家保姆刚接了一个电话,说是我同学出事了，住在三〇九医院，让我赶紧去一趟。"

杨××未加思索，驱车飞驶。到达后，女孩递过来一张50元钱的钞票，大方地说："先生，先不要找钱了，您在这儿等会儿，我去去就来。"

没等司机反应过来，女孩就下了车匆匆向医院里边走去。

望着她紧紧包裹在牛仔裤里的窈窕身体，杨××莫名其妙地隐隐对这位女"大学生"产生了一种盲目的信任和好感。

很快她就从医院出来了，局促不安地对杨××说："我同学住院需要交押金，我身上带的钱不够，您能不能借给我200元钱，到时候连同车费一块还您？"

看着她万分着急的样子，杨××掏出了200元钱。

赵晓兰继续交代。

"我接过钱又假装脚步匆匆地进了医院，大约过了几分钟，我再次上了车，借司机的手机给我'妈妈'打电话。我在'电话'中说的意思，是让司机明白，我没有带钥匙，问我妈几点能回家。

合上手机的我一脸无奈地说：'我妈是海淀刑警队的，正在通县抓捕一个女逃犯，说要等到夜里十一点多才能回来。等我妈回来以后，我一定多给你一些钱。不过今天就耽误你了，要不就算我包你的车吧！'

这样的夜晚，面对一个有家不能回的漂亮女孩，我想任何人都不会拒绝这个要求的。果然司机点头答应了。或许他的心里还巴不得多让我陪一会儿呢，哪里还会拒绝？

在车里，我又开口了：'大哥，您能不能再想想办法帮我借点钱，我同学住院需要挺多钱。待会儿我请你吃饭好吗？'"

卷宗记载：

据司机杨××陈述，看这女孩年龄不大，一脸天真的样子，不像是在说假话。他就又痛快地掏出了1500元钱交给了她。

接着到医院送了钱，二人又往回赶。车上女孩又拿起司机杨××的手机给人打电话，没说几句，就听她气恼地说："那8000元钱我今天一定会给你！你不用威胁我，那时候我年轻，瞎了眼看上了你"……说着，她竟然伤心地抽泣了起来。

杨××关切地问她出了什么事，她沮丧地说："我以前交朋友太草率了，他把我骗上了床，并且录了像，威胁我要8000块钱，否则就把带子交给我们学校"……

杨××的眼前浮现出女孩被一个丑陋的男人蹂躏威逼的情景，不禁血往上涌，果断而慷慨地说："你别怕，我帮你把钱给他！"接下来的一切，也就不期而然了。

赵晓兰交代：

"当时已经是晚上10点多了，司机连夜驱车从朋友处借了8000元交给我。钱到手了，我又打了电话，故意商定十一点在白石桥海帆酒家还钱。

眼见时间还早，我请司机吃了简单的快餐，之后我们就将车停靠在了路边的黑暗之处。

我已经看出了这个40多岁的司机对我想入非非的神态，就继续施展骗术。我断断续续地向他讲述了自己的遭遇，伤心地说那时候自己什么都不懂，那个可恶的家伙骗我喝了很多酒，就不知不觉被他占了便宜。说到这里，我双手抱住头大哭起来。

司机一边安慰我一边顺势把我搂进怀里。

我没有拒绝，反而贴紧了他的胸膛。

他像是受了极大的鼓励，手脚也就不老实了……他先是轻轻抚摸我的身体，见我没有反抗，又放肆地在我的脸上狂吻起来。

我全身故意一下子瘫软了，半推半就地推却了几下，也就顺从了。司机顺势把手伸进了我的内衣，动作也大胆了起来。

而此时此刻，我的心里只想着怎样才能够摆脱他。

我还是忍住恶心，假装回应着他，抱紧了他的脖子。

当这个司机对我肆意轻薄了一阵，试图解开我的裤子时，我拒绝了，说时间差不多了，得先把事情办了。

司机又搂着我磨蹭了一阵，见不可能再有什么进展了，只好将我送到了海帆酒家。

我下车进了海帆酒家，司机在车内等着。时间不长，我走出来，到车上递给他一张事先准备好的纸条。司机接过一看，见是张收条。内容是今晚收到我所欠的8000元整，下面有吴某某的署名和日期。我告诉他，我和那个人彻底了结了。接着我又给我'妈'打电话，问她什么时间到家。然后，我告诉司机，'我妈说今晚回不来了，没钥匙我进不去家，您把我送到海阔天空娱乐城吧。'司机想了一下，也没有其他办法，只好发动了汽车。

到了娱乐城门口，我盛情邀请他一同进去。

夜已经很深了。折腾了大半宿的司机虽已是疲惫不堪，但肯定幻想着有可能继续发生的艳遇，非但毫无怨气，反觉得自己三生有幸似的。只是，他不肯放我走。

我是彻底看透了他的心思，我为他点了酒菜，轻轻地依偎在他的身边，殷勤地劝酒。司机就又晕了，为我的柔情蜜语而欢欣鼓舞。

我喝了点酒，变得面若桃花，分外妖娆。

我们相拥着在舞池中，俨然是一对相恋多年的情侣。

他紧紧地抱着我，趁着暗淡灯光的掩护，不停地在我凹凸有致、性感迷人的身体上摸来摸去。等我们回到卡座的时候，他又意犹未尽地把我揽在怀里，甚至想解开我的衣服……

我看再也不能拖延下去了，必须尽快把他甩掉，于是明确地说自己今天无论如何也无法把钱还给他了，准备记下他的手机号码，明天再和他联系。

这个家伙倒是不傻，非要留下我的呼机号，才犹豫着放我走了。"

卷宗记载：

第二天上午，司机杨××多次给赵晓兰打电话。赵晓兰为将其稳住，只好回了电话，却总是寻找借口推辞见面。杨××终于沉不住气了，他把自己认识这个女孩并借钱给她的事儿给几个哥们儿一说，大家一致断定，他被人耍了。此时的杨××像被兜头泼了一瓢冷水，心里凉了半截，不知所措。所幸赵晓兰这时又给杨××打来了电话。按照手机上显示的电话号码，杨××查到这是一个叫汇源招待所的电话，经与招待所联系，对方回话，那里的确长期住着相貌身材等外型特征和那个女孩极像的房客。

狐狸的尾巴终于露出来了。杨××和几位朋友直奔汇源招待所。在那里，终于将赵晓兰逮个正着，并将其送到了派出所。至此，赵晓兰精心导演的又一幕骗局终于收场了。

梦境每每是现实的反面。一个寻梦的花季少女走进大墙，着实令人惋惜。反观这一幕幕并不高明的骗局，只有剖析其发生的深层原因，才能使类似骗局不再重演。对于"赵晓兰们"的行径，人们固然会嗤之以鼻，然而作为在骗局中自觉不自觉地充当了"配角"的其他"演员"们，甚至包括我们每一个"观众"，难道不应该从中汲取一些深刻的教训吗？

4

与行贿巨商的
孽缘

2004年8月的北京城仍笼罩在一片热浪之中。21日下午,西城区警方接到了辖区内一家五星级大酒店的报警电话——该酒店821房间里发生了一起凶杀案。

警方赶到后,侦查发现,死者为中年男性,就在案发现场,有一个全身溅满血迹、神志不清的女子。随后警方带走了这名女子。

经过现场勘察和初步的证据审核,警方确认这名女子就是凶手。更令人震惊的是,男性死者竟然被扎了一百多刀!几乎成了筛子的上身,布满了刀痕。

他们从哪儿来的?他们之间是什么关系?一个弱女子怎么会下如此毒手?

在看守所里,我见到了这个"残忍"的凶手,她就是陈凤梅。坐在审讯室里的陈凤梅泪水涟涟,看起来脆弱不堪,让人很难把狠毒的凶手和她联系起来。

提起死者孙建设,陈凤梅开始掩面痛哭:"跟他的这十多年,我与周围所有的人断绝了来往,我快被他压抑死了……他怎么也没有想到会死在我手里,我都后死悔了……我怕呀,我都不敢回忆那天发生了什么!"

升温:由朋友发展成情人

在肿瘤医院工作的陈凤梅1963年3月20日出生,大专文化。28岁那年与丈夫离了婚,身边5岁的儿子由疼爱孙子的爷爷奶奶抚养。1992年7月,陈凤梅办理了停薪留职手续,开始了个体生涯。

获得自由的陈凤梅开始感到生活的松弛与惬意,但是没有多久她就感到了没有完整家庭的寂寞。就在这个时候,在国庆节前夕的一次同学聚会上,她认识了下海经商的孙建设。孙建设小她两岁,但已经在商海里摔打了几年,有了一定的基础。孙的举止、风度让她心仪,而孙对她也一见倾心。可以说,短暂的会面,让二人互相都留下了较为美好的印象。希望经商的陈凤梅非常高兴认识这位有一定经济实力的男士。

一番来往之后,两人由普通朋友发展成知己,终于在一个浪漫的日子——陈凤梅生日前夕,在陈的住处,两人突破了男女界限,发生了肉体关系。孙建设的锐敏、敢作敢为以及对女人的体贴与浪漫让陈凤梅着迷,而孙建设对陈凤梅的精明也赞赏不已,两人开始憧憬比翼齐飞、驰骋商海的梦想。

从那时起,孙建设就带着陈凤梅一起出差谈生意。从1993年下半年开始,孙建设带着陈凤梅去了广州、厦门、北京等大城市。谈完生意,两人就游山逛水,所到之处都留下了两人甜蜜的身影。"老公""老婆"叫得相当自然,在外人看来,他们俨然一对恩爱和睦的夫妻。

陈凤梅经常在生意中给孙建设出主意,这些主意给孙建设带来了不少帮助。孙建设非常欣赏陈凤梅这种干练、精明的同时,也越来越在生活中依赖陈凤梅。他的日常生活几乎全交给陈凤梅给打理了,陈凤梅那个不大的两居室成了二人温馨的爱巢。

尽管孙建设对自己的家庭只字未提,但是精明的陈凤梅还是猜测到孙建设可能已经成家,她没有主动去问,也似乎不愿意捅破那层窗户纸。在她看来,只要两人在一起开心、幸福,即便这种猜测被验证了又有什么关系?

2000年2月份的时候,身体不舒服的陈凤梅到医院做检查,结果却让陈凤梅大吃一惊:她怀孕了!她没想到37岁的自己又怀上了孙建设的孩子。看着医院的化验单,陈凤梅犹豫再三,要不要这个孩子?怎么要这个孩子?"老公"会怎样想?……尽管心中忐忑不安,陈凤梅还是拨通了孙建设的电话,说晚上要告诉他一件好事情。

在两人的"爱巢",孙建设听到这个消息后一下子跪在地上,他趴在陈凤梅的膝盖上掩面抽泣了好久,陈凤梅看得出那是幸福的泪水,她开心地帮他拭去脸颊的泪水。

孙建设抬起头来,坚定地望着陈凤梅许诺:"我喜欢你,我喜欢孩子,等孩子出生后我会托人把孩子的户口落在北京,让你们娘儿俩过上正常人的生活,还有我。"

陈凤梅感动的眼泪不断涌下来，那一刻，陈凤梅和孙建设都丝毫不怀疑对方深爱着自己。这时，陈凤梅终于正面知道了孙建设的家庭状况：他有妻子和儿子，只不过和妻子的关系一般，已经好几年没有同房了。

陈凤梅为了避嫌，干脆就在单位申请了长期病假，也没有管单位批不批准，陈凤梅从此开始在家里全心全意地照顾孙建设的生活起居，与外边的接触少了。在她的生活里，孙建设就是她的全部，孙建设对她的爱就是她全部的感情寄托。

心思敏感的陈凤梅爱写日记，她把自己和孙建设的生活记录下来，攒了厚厚的一本。她还把每次和孙建设出差谈生意、游览过的地方的旅游景点门票、机票等都认真地熨平、仔仔细细地粘贴一个精美的大笔记本上，这个大笔记本是孙建设送给她的，扉页上还写着"送给爱人陈凤梅"。心中充满着爱来做这一切的陈凤梅十分珍惜这些相册和笔记本，但她万万没想到，这些东西后来成了她和孙建设吵架的导火索。

生隙：失去"爱的结晶"，两人开始争吵

陈凤梅终因年龄大，肚子里的孩子没有保住，在四个月的时候胎死腹中。那是一个阴天，心情沮丧的陈凤梅独自一人到医院里做了引产。由于怕遇见熟人，孙建设从未到医院看过她。陈凤梅因此难免有些伤心。但即便是这样，陈凤梅仍然设身处地地设想：孙建设毕竟是生意做大了有头有脸的人，还有自己的家庭，这儿都是熟人，被看到了的确对他不好。

身体恢复的陈凤梅，一如既往地对孙建设照顾周到。但是，孙建设对陈凤梅的限制却越来越苛刻，他要陈凤梅天天待在家里不出门，出门就必须穿得严严实实，出门不能穿裙子、凉鞋，除非跟孙建设一起出门。不能抬头看任何男人，更不能让别的男人多看陈凤梅一眼。陈凤梅觉得他的行为有些反常，但是，为了让孙建设不生气，她还是按照孙建设的要求做了。她断绝了与父亲、儿子和以前的同学、朋友的来往，整天封闭在和孙建设的二人世界里。

2003年的时候，孙建设的生意一直处于低迷状态，他的脾气也见大。在陈凤梅的家里，孙建设经常会发无名火，陈凤梅想到他生意不好，刚开始还忍着，到后来就开始跟他吵，等吵得筋疲力尽了，陈凤梅又无奈地反过头来哄他：好了，好了，我们别吵了，我错了，行不行？但是狂躁的孙建设有时候甚至开始动

手扯着陈凤梅的头发大打出手，打完了陈凤梅，又可怜地乞求陈凤梅宽恕他。这时候的陈凤梅感到跟孙建设在一起很累，但看到孙建设自己也很痛苦的样子，她又觉得他很可怜。

眼看孙建设喜怒无常，联想到以前孙建设的一些怪异举动，陈凤梅想到带他去看精神病医生。开始，孙建设非常反感，坚持说自己没有什么问题。

2003年7月，陈凤梅借着与孙建设一起来北京的机会，自己偷偷跑到了北京安定医院咨询。咨询结果果然符合了陈凤梅的判断：孙建设有些精神分裂。怎么办？联想近两三年孙建设的举止，她开始害怕，如果不抓紧治疗，自己早晚会彻底毁在他手里。

坚定了为孙建设治疗的决心，陈凤梅最后连哄带骗将他带到了北京安定医院。医生的初步诊断是：孙建设压力过大，有些精神疾病，而且患病时间已经很长。医生给出了治疗方案，并开了很多药，还告诉陈凤梅：此类病人会产生人格方面的心理障碍，病人首先会想到自杀。这种药很厉害，所以开的药不能全部交给病人，只能该吃多少的时候给多少。陈凤梅为了了解吃药会产生什么样的副作用，自己先吃了三天，然后才给孙建设吃。

在陈凤梅的监督下，孙建设开始进行精神病的治疗，经过半年的治疗，孙建设的精神状态明显好多了。

或许是感念陈凤梅对自己的付出，2003年11月7日，孙建设写了一个信誓旦旦的保证书："我爱你，我要与你在一起。别离开我，我有错，我坚决改。以前我欺骗你，我错了，我爱你的一切，今后我一定好好爱你。"在保证书里，他承诺一定在2004年5月1日前离婚，给陈凤梅"一个交代"。

恶化：高官落马恐惧被牵连，情感关系日趋病态

2003年末，孙建设从北京谈生意、见朋友后回到两人的"爱巢"，他显得忧心忡忡。陈凤梅见到这种情况，就问他怎么了。

孙建设长叹一声："唉，出事了，以前给我帮忙的一些朋友有的出事了，会不会牵扯到我呀！"

原来，孙建设为了揽工程项目，曾经给黑龙江的一位高官送过礼，这位高官如今出事了。在检察院，这位高官交代了多起受贿的犯罪事实。

陈凤梅就安慰他:"现在不都这样吗,你怕啥呀?再说,给他送礼的人多了,他哪里记得住?交代中有没有你还说不准。即便有,一对一的事情,又没有证人,只要你不承认,检察院拿你也没有办法。退一步说,即便你承认了,也不会有太大的问题,你又不是官员,谁又能拿你怎么着?不管你有没有问题,我都会和你在一起……"

但是,陈凤梅的劝解并没有让孙建设轻松多少。相反,他变得更容易发火,一些小事就会让他激怒不已。孙建设认为,自己毕竟在商界有一些名气,在行贿的问题上出了事情,将来怎么做人、怎么做生意?

抑郁不安的孙建设整天唉声叹气,两人在一起变得沉闷不堪。言谈中,孙建设总冒出一些"要自杀"的话。这种状况,让陈凤梅觉得心力交瘁。

2004年情人节,在陈凤梅的家中,在温馨的烛光晚餐后,心情有些好转的孙建设对陈凤梅表示自己非常内疚,这些年让她受苦了。看着已经陪伴自己走过那么多艰难岁月的女人,他的眼睛湿润了,他有些动情地说:"凤梅,你为了我剖腹产的时候挨了一刀,我今后一定还你一百刀。"此时的孙建设心里想表达的是,今后要对得起这个为自己付出如此之多的女人。两人度过了一个激情、浪漫的夜晚。

可浪漫没有持续多久,孙建设的毛病又犯了,不是多疑就是打骂陈凤梅。遇到陈抱怨的回应和反抗,孙建设就赌气说:"要不,你捅我一百刀,咱们扯平了吧?!"

终于,这种时好时坏的痛苦"游戏"让两个人都感到太累了,于是两人真的赌气吃安眠药一起自杀,结果睡了几天就醒来了。这种"死亡游戏"两个人来来回回地上演了五六次,在这种病态关系中,两个人都心力交瘁,倍感绝望。

也许是感念两人曾经有过的美好,陈凤梅把一些照片、一起旅游时的景点门票、孙建设写的情意绵绵的话语都扫描下来,上传到电子信箱,夜深人静的时候,她看到这些,心里特别难过:自己为这个男人付出这么多图啥?不就是为了开心幸福吗?可爱到后来,怎么变成这个样子了?

尽管陈凤梅从此变得小心翼翼,可还是会遭到孙建设无端的猜疑。在一次吵架的过程中,孙建设把她精心制作的记事本和旅游日志全给撕了,并警告她今后不要再记日记,他总说:"你不要知道的太多,知道太多对你没好处!"痴情的陈凤梅却怎么也不能理解孙建设这些多疑的举动。

联想到近期孙建设的异常举动,陈凤梅觉得他可能是旧病复发了,她开始跟孙建设商量来北京复查。就在这个时候,关于两人暧昧关系的一些小道消息传到了孙建设爱人的耳朵里。孙建设的爱人李莉找到了陈凤梅。

陈凤梅怀着忐忑不安的心情与李莉见了几次面。她讲了孙建设的病情,但是她没有告诉李莉自己与孙建设的情人关系。看着孙建设可爱的儿子在一旁开心地玩耍,陈凤梅的心中充满了愧疚,身心俱疲的她萌生了离开孙建设的念头。

送走李莉,陈凤梅想到了自己跟孙建设这些年的压抑生活。自己这些年就像一个见不得天日的老鼠,生活在孙建设的阴影里,一切都是为了他而活着,疏远了自己的儿子、父亲还有朋友。自己也只能享受与孙建设偷情的片刻,只有在他们两人出去旅游的时候,她才觉得自己像孙建设的恋人、妻子。而大多数时间自己就是一个幕后的人,更何况孙建设并没有让她"见光"的计划。孙建设只把她这里当成了卸载负担、发泄怒气的地方,自己无休止地包容了一个精神上有病的人的各种病态虐待。她想要一个了断,她不想再这样下去,虽然他们以前深深相爱,但是这种畸形的爱本来就难以正大光明地活在阳光下。

陈凤梅跟孙建设彻底谈了一次:"建设,我见你老婆之后,我觉得挺对不起她的,她也挺不容易,伺候着老人和孩子,还帮忙照顾生意。我想,咱们还是分手吧。你好好跟那娘儿俩过日子,将来如果你老了,孩子也长大了,你再来找我也行。"

孙建设一听,勃然大怒:"你想分手就分手?我不同意,你对我的事情知道得太多了!"

"我都知道你什么事情了!孙建设,你能不能不要把别人想得这么坏,你凭什么像打老婆一样打我?我又不是你老婆!"

"我告诉你,我不许你离开我!"孙建设咆哮道。

被孙建设拒绝后,陈凤梅的心立刻绝望了。她没想到孙建设既不想和她结婚,也不让她离开,这样非正常人的生活什么时候是个头?自己是不忍心破坏孙建设的家庭,更何况孙建设现在是个精神有问题的"病人"!陈凤梅觉得自己的生活太压抑了,再这样下去就疯了!她想尽快与孙建设有个了断,结束这样的生活。

决定离开哈尔滨前,陈凤梅把近期自己和孙建设的所有照片、游玩的车票和门票等所有的详细资料全部上传到了自己的电子邮箱,并把这些资料复印好,分装到好几个信封,交给侄女并告诉她:我过几天就去北京了,如果我两三天后没回来，你就帮我把这些信发出去！

陈凤梅就是要孙建设身边所有的人都知道，这些年来，她是怎样和孙建设在一起度过的，他们之间的感情到底是怎样的。

这一切做妥当之后，陈凤梅要和孙建设去北京"了断"了。

了断：120 刀终结"孽缘"

陈凤梅瞒着孙建设跟他的一个朋友孙武见了面，她让孙武以办事的名义叫上孙建设去北京，而她又和孙建设约好在北京见面，一起去复查。8月19日晚上，陈凤梅乘坐哈尔滨飞往北京的最后一班飞机，她先到了北京，住在丰台区一家招待所。

第二天一早，陈凤梅赶到西城区一家五星级大酒店，为孙武和孙建设订了两间房。从饭店出来，她从光大银行取了3万元，准备去建国门赛特购物中心给孙建设买几身衣服，东西还没有买，就接到孙建设的电话，电话里多疑的孙建设怀疑她与孙武"有一腿"，完全不听她的解释，劈头盖脸就将她一顿臭骂。

尽管心情难过，陈凤梅还是决定下午去机场接机。在机场，她见到了孙建设和孙武，但孙建设见到她一脸的不悦，甚至晚饭都没让陈凤梅和他们一起吃。

独自吃完晚饭后，陈凤梅在酒店大厅等孙建设回来。到了晚上9点多，喝得醉醺醺的孙建设才回到饭店。两人一见面，孙建设就大声地吵嚷起来。陈凤梅没有辩解，小声地哀求："在大厅里吵，影响多不好，有什么话，回房间再说。"

回到房间，因为陈凤梅见孙武的事，孙建设又开始和陈凤梅吵架。当陈凤梅说到是自己打电话让孙武约他来京的时候，孙建设一下子狂怒了："你厉害了啊？你竟然连我的朋友都敢找了，以后还不知道你会干出什么事来！"

说着，孙建设又像往常一样上来扯陈凤梅的头发，两人厮打起来。打了一会儿，身心疲惫的陈凤梅说："我们别打了，明天还要给你去复查呢，睡觉吧！"陈凤梅又向孙建设求饶、认错，孙建设才住手。

陈凤梅削了一个苹果，递给孙建设："老公，你先吃点水果，醒醒酒。"接着，又软声细语劝他吃了安定药，狂躁的孙建设开始沉沉睡去。

躺在床上，看着孙建设鼾睡，陈凤梅却怎么也睡不着，最近一段乱七八糟的生活，让她几乎崩溃了，特别是见到孙建设的爱人和孩子后，她更想结束这人鬼不如的生活,可孙建设却不同意,这种无法摆脱的生活把她缠得死死的,她觉得自己快压抑死了。

她很快拨通了孙建设家里的电话,她告诉孙建设的爱人李莉:自己就是和孙建设相依了多年的情人,那个传说中的私生子就是她和孙建设的。

话筒那边,李莉半晌没有言语。

陈凤梅平静地说:"真的很对不起。如果你不相信这一切,可以到一个门户网站上看看那些照片。"

打完这个电话,陈凤梅长出了一口气:总算说出来了,压抑了多年的心情稍稍有些释放。她自己也累了,和孙建设一起睡了过去。

孙建设昏昏沉沉地醒来了,看见陈凤梅坐在床边。孙建设听说孙武走了,并且知道自己的确有病,就要去追。看他要走,陈凤梅拿起水果刀在自己的静脉上比画着说:"你要走,我就死给你看!"

孙建设嚷道:"不管你自杀还是他杀,我是精神病都不负责任。你可害死我了,你给我的朋友打电话说我有病,你坑死我了!"说着,狂躁的孙建设拿起房间里的观赏石头冲向陈凤梅,陈凤梅一看,要是那块石头砸下来,自己哪里还有命?陈凤梅马上扑过去抢,但是孙建设抱着石头死死不放,争夺中陈凤梅咬了孙建设胳膊一口,剧烈的疼痛使孙建设本能地放开了石头。

陈凤梅问孙建设:"你到底想不想和我一起死?"

孙建设气咻咻地回答:"我今天就交给你了。"两人在床上扭打起来。陈凤梅摸到了那把水果刀,冲着孙建设嚷:"你要再打我,我扎死你。"

在扭打过程中,陈凤梅手中的刀掉在床上,孙建设要去拿刀,但没拿到,遂又抄起床头的石头,他一抄石头翻身的时候,床上的被子一下子蒙在了他的脸上,陈凤梅当即夺过石头朝孙建设头上砸了下去,孙惨叫了一声倒在床上。

还没有平静下来的陈凤梅发现,这时孙建设正挣扎着用脚够掉落在地上的那把刀,她赶紧把刀捡起来,用劲全身的力气向孙建设扑过去,那把刀一下子扎在了他的前胸。陈凤梅拔出刀,孙建设仰面倒下了,她开始在孙建设身上乱扎一气,连她自己也不知道一共扎了多少刀,恍惚中她只记得孙建设说"你为我挨了一刀,今后让我还你一百刀!"

看着孙建设没反应了,确信他已经死了,陈凤梅平静地给家里打了电话,她对好朋友说:"对不起,我回不去了。"她艰难地走到茶几前,把剩下的100多片安眠药全吃了下去。然后她神情恍惚起来，直到文章开头那一幕。

冷静的时候，眉眼之间透露出一股精明的陈凤梅，也许对孙建设的感情并非她所说的那么痴心和纯洁，这其中掺杂了许多因素：物质、归宿感，还有一个美好的许诺。但是，这个自诩"能干"的东北女人在谈到她与孙建设的感情时，悲痛欲绝地哭起来，表现出深深的后悔和恐惧。她说，一想到孙建设那个可爱的孩子从此没有了爸爸，她就觉得自己罪该万死："你不知道，那个孩子真是可爱极了！""我想和他分手，也是因为不想让这个孩子将来像我的儿子一样没有一个温暖的家庭……"

面对笔者的陈凤梅，有一种倾诉的渴望。一个在畸形的感情生活中压抑了许久的女人，想向所有人表达自己的心情。有位作家说过，如果一个女人压抑了许久，那么她急于表达的心情可能会让她举起两种武器：笔，或者刀。

陈凤梅终于用最残酷的方式了断了这段"孽缘"。爱与恨看似两个极端，实际上也只有一念之差，曾经刻骨铭心的一段感情，了断的方式却如此残酷，这难道是人性的悲哀吗？

2005年4月21日，陈凤梅被北京市人民检察院第一分院以故意杀人罪提起公诉。

2005年6月30日，北京市第一中级人民法院以故意杀人罪一审判处其死刑。这位扎了情人一百多刀的女罪犯在听审前擦拭了一下眼睛，宣判后对亲人露出凄惨一笑。

旁听席上，她的老父亲一言不发，陪同的亲友说，她父亲已经几年没见到女儿了。

被带出法庭的一刻，一位女友流着眼泪叫了一声"凤梅"，但张凤梅没有回头。

5

疯狂错爱,"野鸳鸯"获重刑

2005年6月29日上午,北京市门头沟区妇女韩丽和河北青年董秋生因奸情杀人,分别被北京市第一中级人民法院一审判处死缓和无期徒刑。这对"野鸳鸯"得到了应有的惩罚。

被害人崔明年迈的父母来到法庭,看到昔日的儿媳、今日的仇人竟然没有被判死刑立即执行,他们大失所望,崔明的老父亲反复念叨:"他们要给我的儿子抵命,我不服,我要上诉,要不我儿子死不瞑目。"

合上厚厚的采访记录本,我很惶惑:当男人把养"二奶"当成成功的一种标志,当女人把"红杏出墙"当成风韵犹存的一种证明,当整个社会都"笑贫不笑娼"时,韩丽和董秋生所演绎的现代版"潘金莲""西门庆"的苟且之事又能在多大程度上刺激人们已经日益麻木的神经?

2005年1月13日一大早,北京市门头沟区下家村派出所的门"砰"的一声被撞开了。一个年轻的少妇慌慌张张地跑进来,上气不接下气地对值班民警说:"同志,我要报案,我丈夫崔明失踪了,您快帮我找找……"

第二天,门头沟分局也接到了崔明父母的报案,说自己的儿子已经失踪好多天了。

就在警方马不停蹄地查找崔明下落的时候,2005年1月26日,几个护林员在巡山时,在109国道48公里处的一个涵洞里发现了一具被烧焦的尸体,后经警方勘验,死者正是已经失踪了两周多的崔明。

噩耗传来,全村震惊!

在走访过程中,一个奇怪的现象引起了警方的注意:村民们对崔明之死义愤填膺,从村民的语气中警方已经听出了别样的味道——崔明死得冤,肯定是他那个不正经的老婆害死了他。

警方迅速展开更深入的调查。结果不出人们所料,一场荒唐的现代版"潘金莲杀夫"案惊现在人们面前……

难耐:情感寂寞的女人,送沙场演绎"最浪漫的事"

在北京门头沟区下家村有一个幸福的三口之家,两口子都30岁出头。丈夫崔明是一个不大不小的包工头,手下有十几号人,经常往村附近的建筑队送沙,送建筑材料。虽然说不上有什么大钱,但是在村里也绝对属于那种手头不缺钱的人。老婆韩丽,也是属于那种闲不住的人。韩丽也会开车,农闲时就帮着丈夫打打下手,有时丈夫联系好买卖,她自己也能开车送货。两人有个六七岁的儿子,聪明可爱,马上就要上小学了。

应该说,两口子的感情还是挺好的,只不过为了多挣点钱,崔明经常在外面跑业务,有时候十天半个月都回不了一趟家。这年月,为了生活嘛,也是迫不得已。韩丽虽然也有些怨言,但是没办法,总不能让一个大男人整天啥也不干,就在家陪着她吧。更何况崔明手里有几个钱,都说"男人有钱就变坏",出于女人天生的敏感,丈夫个把月也不回趟家,韩丽也曾经有过疑心,两口子也曾经拌过嘴。但是,人家崔明没有什么把柄落在韩丽手里,再加上居家过日子,两口子之间磕磕碰碰是免不了的,这家的日子过得也还是挺招人羡慕的。

话说到了2003年4月的一天,崔明哼着小曲,兴冲冲地回了家,一见韩丽,他按捺不住兴奋说道:"韩丽,真是天上往下掉馅饼,正好砸在了我头上了。"

韩丽正在做午饭,见丈夫这么高兴,就赶紧问:"怎么了?捡着金元宝了?看你乐成这样。"

"金元宝算啥,这比金元宝值钱多了!你知道咱村不远的地方有个开元有限公司吧?它们要装修,这活让我给拿下了!"崔明兴奋得眼睛都放光了。

"真的?那可真是一件大喜事,怪不得你乐成这样。来,我再给你加几个菜,弄瓶好酒,咱们好好庆祝庆祝。"韩丽也乐得合不上嘴了,她当然知道,现在做成一笔买卖有多难!

这顿午饭,两口子吃得甭提有多舒服了!吃饭时,崔明告诉媳妇:等活儿联系好了,一切都理顺后,像送沙、送水泥这样的轻活儿就让韩丽负责。这样自己还能腾出时间来干点别的，韩丽当然很愿意，这点事在她眼里简直就是小菜一碟。

就这样，崔明带着韩丽送了几次沙子，后来韩丽就自己开车送了，崔明带着一帮人又接了一个装修的活，因为离家较远，为了省下路费，崔明就经常住在外面。

转眼间，韩丽已经独自给开元公司送了将近一个月的沙子了，和公司上上下下的人也混熟了。2003年5月的一天下午，韩丽稳稳地把车停在了公司的大门口，"嘀嘀"，韩丽按了两声喇叭。一个白净净的男人从门里探出头来，"找谁？"

韩丽一看不认识，刚想要解释，突然门一开，以前经常开门的那个人走出来，一边走一边有些埋怨地对白净男人说："小河北，这是韩姐，是给咱们单位送装修材料的。韩姐对咱不薄，你以后可别不长记性。"抽惯了韩丽送的烟，这个人忙不迭地送顺水人情。

"新来的？"韩丽笑眯眯地对"小河北"打招呼。

"对，韩姐，我叫董秋生，您以后就叫我'小河北'吧。""小河北"挺会来事儿，一边帮着韩丽卸车，一边介绍自己。

韩丽觉得这个人挺勤快，一盒烟就顺手飞了过去。"小河北"忙不迭地说着谢谢，手中的铁锨舞得更起劲儿了。

一回生，两回熟。没过多久，韩丽就和"小河北"混熟了，两个人就跟姐弟俩似的。通过和董秋生攀谈，韩丽知道，"小河北"今年刚满30岁，比自己还小一岁，来北京打工已经好些时候了，现在在开元公司当电工，另外还"兼职"其他杂活儿。"小河北"的家在农村，父母都比较老实本分，除了一年四季干农活，别的挣钱的心思一点都没有。家里孩子又多，董秋生排行老大，生活所迫，也为了减轻生活的压力，高中毕业后他就外出打工了，这些年天南海北地跑了不少地方，也吃了不少苦头。挣了点钱后，家里给董秋生张罗着娶了个媳妇，人长的一般，是邻村的。董秋生只是不愿意违背父母的意愿罢了，说实话，他并没有看上这门亲事。娶媳妇又花了不少钱，办完喜事后，董秋生又马不停蹄地出来打工挣钱还债。

因为熟了，韩丽曾经问董秋生结婚了没有，董秋生点头承认，但他的目光又突然有些黯淡，"韩姐，如果我媳妇有你这样会疼人就好了，她就知道钱钱钱。结婚才几天，她就惦记着我们还欠她家一份彩礼钱。那意思我知道，人也娶到手了，赶紧出来打工给她家挣钱呗。"韩丽听了后，开导董秋生："女人嘛，总是现实的。我老公也整天在外面忙着挣钱养家，这不都两个月没有回来了。我也是担心呢，男人都不是什么好东西。没有办法，我自己只能开车来送了。"

董秋生上话挺快，"韩姐，不能这么说，男人和男人也不一样。再说，多亏韩姐还有这个本领，要不我还认识不到韩姐呢。"

韩丽抬起头看了看满脸汗水的董秋生，抿抿嘴低下头笑了。

两个人一边聊天，一边卸沙，满满的一车沙子竟然不知不觉地卸完了，两个人都觉得沙子好像有点少。

汽车发动了，韩丽在回家的路上竟然有种莫名其妙的感觉，她突然想，如果车里有董秋生该多好，因为这样她就不用孤零零地一个人到天亮了。

躺在宽大的床上，韩丽想到了以前的那件事。记得那一次崔明又是一个多月才回来。一进门，崔明连衣服也没脱，倒在床上就沉睡过去。看着风尘仆仆的丈夫，韩丽有些心疼，她赶紧到厨房做饭。这时，丈夫的手机响了，怕影响崔明休息，韩丽一把就把电话抓了过来。

"喂，崔明呀。"电话里面传来一个陌生女人的声音，韩丽听了有些发蒙，还没有等她回过神来，电话就挂断了。韩丽没有作声，她的心里多了许多怀疑，难道丈夫背着自己在外面又有了别的女人？后来韩丽跟崔明说起过此事，崔明支吾了一声，说那是一个生意上的朋友。韩丽知道，也可能真的如丈夫所言，也可能……

现在孩子在姥姥家，丈夫又经常不回家，也不知道他是真的全身心地忙生意，还是在干什么别的事情。韩丽不愿意再想了，想也没有用，她现在是的的确确体会到了一种深深的孤独，尤其是到了晚上的时候，一个人听"滴答、滴答"的闹钟，心中便烦躁不已。那一晚不知为什么，韩丽想的最多的不是丈夫，而是"小河北"董秋生。结婚后，那种日复一日的平淡生活是很可怕的，韩丽和丈夫的对话平台在一点一点缩小，丈夫眼里除了生意、挣钱，就是挣钱、生意。这个小一岁的河北男人，似乎更能走到自己的心里。

辗转反侧的韩丽渴望太阳早点升起，这样她的一天就会充满了温暖。

看着一车子满满当当的沙子，韩丽觉得还是有点少，她又用铁锨往车上加了一些……

转眼到了2003年的7月份，这两个月对崔明来说是很平常的，一如既往的忙忙碌碌，一如既往的一个多月才能回趟家。他哪里知道，自己这个"很有能耐"的老婆，已经和董秋生混得很熟了。在其他工人卸沙子的时候，韩丽就把董秋生叫到一边，两个人打牌、开玩笑，甚至打情骂俏。工人们知道韩丽这个人脾气直爽，又喜欢这种和别的男人"交流"感情的方式，所以大家也就起起哄，直到韩丽骂骂咧咧地扔给他们两盒烟抽。

说话间到了7月中旬，北京城像个大蒸笼一样，热的人心烦意乱。这天正是星期六，韩丽唱着小曲，又开车来到公司的大门口。没想到的是，今天就董秋生一个人笑眯眯地站在门口。韩丽心里突然有种异样的感觉，朝董秋生使劲眨了眨眼睛。董秋生心领神会，大门"吱扭"一声打开了，两个人的心里都有种十分畅快的感觉。

两个人有说有笑，一会儿工夫就把沙子卸完了。天气十分闷热，韩丽浑身都湿透了。贴在身上的衣服，使女性的特征凸显无疑。

"给，赶紧擦擦吧。"董秋生关切地扔给韩丽一块毛巾，眼睛却没有移开。

"看什么看，小心把你眼珠子抠出来。"韩丽娇嗔地骂道，脸上的笑纹荡漾开去，眼睛却深情地望着眼前这个长得很男人的"小河北"。

因为是周末，公司里的人少得很，看着韩丽火辣辣的目光，董秋生再也抑制不住了，他拉住韩丽的手，两个人一前一后走进了董秋生的工作间。在进屋的一刹那，韩丽背着的手顺势将门反锁了。

虽然你有情，我有意，董秋生还是显得有些拘谨，"韩姐，我……"还没等董秋生说完，韩丽的身子已经倒了过去。一个老婆怀孕，半年没有碰过女人；一个丈夫外出，两个月没有碰过男人……像电光火石一样，干柴一下子被点燃了……

沉沦：暴力和警告没能阻却"火热恋情"

事后，韩丽懒懒地依在董秋生的怀里，心满意足地说："你说，咱俩往后还能像今天这样在一起吗？"

"会的，我们要像今天这样，一辈子。我说到做到，相信我。不管谁来阻拦我们，我都不会允许的。我要给你幸福！"董秋生信誓旦旦。

韩丽知道董秋生已经结婚，女人天生的现实感马上就凸显了，"那要是你老婆死活不同意怎么办？你还要我吗？更何况我比你还大一岁，你不会玩儿玩儿就拉倒吧？"

面对韩丽咄咄逼人的诘问，董秋生反而笑了："你真傻！咱俩第一次相遇的时候，我就知道会有这么一天。真的，我不骗你。"看着韩丽有些怀疑的坏笑，董秋生还特意补充了一句。

韩丽反问道："你又不是神仙，你怎么知道我们俩会有今天？更何况第一次见面怎么可能知道以后会是什么样？"

董秋生笑了笑，脸上的神情更加得意了："好多事就是这样，凭着感觉。我觉得你是那种可以让我付出全部的女人。"

"别光说好听的，你说吧，你老婆怎么办？"韩丽又一次逼问。

董秋生轻轻拍了拍韩丽的肩膀，"放心吧，等她生完孩子，我就和她离婚。这事不能着急，我就是现在提出离婚，法院也不会判离的。你别着急，我董秋生说话算数。既然要了你，就要和你一直走下去。"

看着董秋生坚定的目光，韩丽幸福地闭上了眼睛。盛夏本就炎热无比，屋里更是激情似火。毕竟是大白天，万一有人来看见就麻烦了。韩丽催促着董秋生快穿衣服，董秋生恋恋不舍地磨蹭着……

董秋生当然知道韩丽早已经结婚，还有个儿子，但是他连问都没问，因为他知道韩丽的性格，她是一个性格泼辣、有主见的女人，问了不如不问，韩丽知道该怎么办。

人就是这样，一旦陷入一种所谓的"幸福"，就会像赌博一样把自己所有的期待全部押上。韩丽光顾着自己"红杏出墙"、逍遥快活，已全然不顾自己的丈夫在外面拼死拼活地挣钱，自己的儿子还没有上小学，自己的公公婆婆已经年迈苍苍……所有的这一切全部淹没在冲动和偷情的愉悦中了，她一心想的就是怎么和董秋生长相厮守。

欲望的闸门一旦打开，冲动的洪水就会排山倒海渲泻而下。

有了难忘的第一次，韩丽和董秋生都在找各种能缠绵的时间。有时是白天，有时是晚上。对于韩丽来说，最好的消息莫过于丈夫出门了。这样她就可以放心大胆地和董秋生偷情了。每当深更半夜房门被轻轻敲动时，韩丽就像一只发了情的母猫，迫不及待地跳下床……

"纸包不住火"，韩丽和董秋生的"火热恋情"没多久就成了村里公开的秘密。刚开始两个人还有所忌讳，行动上注意不要招摇，但是时间稍微一长，两个人也顾不得那么多了。经常在一起吃饭，在一起打牌；甚至打麻将时都已经不分彼此了，俨然是"夫妻上阵"。村里的人看得出来，崔明的这个媳妇"疯了"！虽然人家表面上不说什么，可对这种事，村里人背地里都对韩丽指指点点，韩丽知道，但她不在乎！她知道，崔明早晚会知道，自己和他之间了断的时间已经迫在眼前了。

不出韩丽所料，11月的一天晚上，大门"咣当"一声被踹开了！崔明怒气冲冲地进来了。

在外面待了半个月的崔明，终于从一个铁哥们儿那里知道了韩丽和董秋生之间的奸情。当哥们儿吞吞吐吐地提醒他别光顾着在外面赚钱，要当心自己的后院起火时，崔明就像吃了个死苍蝇一样，心里别提有多别扭了。他不相信自己的老婆会背着自己做见不得人的事情。

他刚想发火，但又忍不住嘀咕，自己经常在外面，难道这么点时间自己的老婆都熬不住？人心叵测，保不准韩丽真有事！特别是回想一下自己这几次回家时，韩丽明显的冷淡，崔明越想越后怕，越想心里越打鼓，他决定赶紧回家看看，说不定现在这个臭婆娘正在……

一脚踹开门，崔明一把推开正赔着笑脸的韩丽，里屋外屋仔仔细细搜了个遍。韩丽心里"咯噔"一下：难道崔明这么快就知道了？不会的，哪有这么快？韩丽赶紧上前搂着崔明的胳膊撒娇打趣："崔明，这么晚你还回来看我。有什么事吗？你一进门就急三火四地找什么？像猫抓耗子似的。"

崔明一把推开了韩丽，他瞪着眼珠子逼问："抓耗子？抓王八！你个臭娘们儿，敢给老子戴绿帽子！"

话没有说完，"啪"，一个火红的巴掌已经印在了韩丽的脸上。

韩丽知道，崔明肯定是听到什么风声了。她捂着脸索性一声不吭，给崔明来了个死猪不怕开水烫。

一见这架势，崔明的脸色比原来更紫了，男人的拳头就像狂风暴雨一样砸向韩丽。到最后，崔明就是整个人骑在韩丽的身上暴打。

刚开始韩丽还疼得直叫，但是任凭崔明怎么问，她就是不开口。崔明打累了，看着地上浑身直颤的韩丽，啐了口唾沫，"臭婊子，你不说我就不知道？我早就摸清了，那小子叫董秋生。让他等着我，我要废了他。"

见事情已经败露，韩丽一骨碌身子从地上爬起来，理了理凌乱的头发说：

"既然你都知道了，老娘也没有必要瞒你了。我就是喜欢上董秋生了，你能怎么着？他比你年轻，比你帅气。再说了，上次电话里那个女的是怎么回事？谁知道你在外面是真挣钱了，还是找别的狐狸精去了？你要是不放心，干脆咱俩就离婚，也免得你活受罪……"

"啪"一个巴掌又飞到了韩丽的脸上。崔明万万没有想到，韩丽竟然这么不知耻，全都招了，而且还敢这么理直气壮地要离婚。

"放屁！你给老子戴上绿帽子，还想这么轻轻松松离婚？白日做梦！我告诉你，臭婊子，我崔明可没有做过对不起你的事。你想这么容易就离婚，没门儿！今后如果你再敢找姓董的那个小子，我连你一块儿废了！不光如此，我还弄死你全家！我崔明说到做到。不信，你就等着瞧！"

说完，崔明气乎乎地到厨房，拿了一瓶白酒，自斟自饮，边饮边骂。第二天，崔明找了几个弟兄去找董秋生，也许是董秋生运气好，那天他刚好去外地买东西了，躲过了这一劫。

"先手"：迷昏亲夫，毁尸灭迹

住了几天，崔明又走了，工程紧张，他不得不去。临走前，崔明又一次警告韩丽，让她好自为之。话虽然说的难听，但是崔明心里还是对韩丽有一丝期待：毕竟是多年的夫妻，看在孩子的份儿上，我崔明不能太绝情。再说，"捉奸在床"，所有的都还只是自己的揣测，还没有抓住韩丽的把柄。虽然韩丽自己也承认和董秋生有那种事，但那是在挨打的情形下说的，谁能保证韩丽说的不是气话？

韩丽可没有崔明这么好心，她又气又怕。崔明前脚刚走，她后脚就找到了董秋生。董秋生现在是惊弓之鸟，他早就知道崔明来找他算账的事情了。一见韩丽来了，他赶紧问怎么回事。

"崔明知道咱俩的事情了，他说我彻底背叛他了，我说要离婚，他说要整死咱俩，还说要整死我全家……"

再往后，董秋生根本没有听见韩丽说些什么，他的脑子在飞快地打着算盘。过了好一会，董秋生回过神来，他的脸上写满了杀气："事情已经到了这个地步，为了咱们俩，我看只有下手了。早下手的沾光，晚下手的遭殃。我们必须想办法先弄死崔明，要不没有咱俩的好处。"

韩丽一听就一怔。她看着董秋生满脸的坚定，又想到自己还有儿子，要是崔明死了，儿子怎么办？

"秋生，就没有别的办法了？我还有儿子，要是崔明死了，孩子还那么小，那可怎么办？再说，将来他长大了，知道是我亲手害死他爸的，他会怎么对我？"

董秋生对韩丽犹豫不决的态度也有些吃惊，他急三火四地说："韩丽，到这个时候了你还替别人着想，你以前可是个爽快人啊！你知道，崔明的话不是吓唬咱俩，在这种事上面，他说得到做得到。不是鱼死就是网破，我们必须赶紧找机会下手。你儿子就是我儿子，我会把他当亲儿子对待。再说，我都跟你说过了，等我媳妇一生完孩子，我就和她离婚，我和她不会有一点儿瓜葛，你还犹豫什么？只要我们俩好好筹划筹划，做得神不知鬼不觉，我保证一点事儿也没有。"

韩丽低下头没有再表示任何异议。过了一会儿，韩丽又问董秋生："崔明是搞工程装修的，有把子力气，凭你我，怎么可能弄死他？"

董秋生点了点头，心里想：也是，搞装修、身强体壮的男人怎么可能束手就擒呢？想了好半天，突然，董秋生的眼睛一亮，他一拍大腿："对了，你看没看电视剧《水浒》？潘金莲是怎么弄死武大郎的？"

韩丽有所醒悟："你是说用药？"

"对！先用安眠药把他放倒，然后再用锤子砸死他。这叫双保险。"董秋生有些激动。

"我可不敢拿锤子砸他，要砸你砸。"韩丽央求董秋生。

董秋生坏笑着，一把把韩丽搂进怀里，"好，我砸，不过，我先砸你……"说着两个人又滚到了床上。

时间过得真快，转眼到了年底。崔明在外面还是不放心，他想回家看看韩丽这些天变好了没有。韩丽一见崔明回来，不由得心花怒放。她忙里忙外地张罗做饭。崔明见状也就没再说什么，他到街上去买东西。韩丽见崔明出去，马上拿出董秋生早就给她准备好的安眠药粉末，全都放进炒的黄豆里了。

韩丽一边炒黄豆心里一边发狠说："我让你打我，我让你打我！我让你弄死我全家，我让你弄死我全家！"

吃晚饭时，就只有他们夫妻两个人，孩子在姥姥家没有回来，这是韩丽特意安排的，她不想孩子有什么事。再说了，董秋生告诉她好几次，他会好好待她和崔明的儿子的。

韩丽劝崔明喝酒吃菜，崔明觉得黄豆苦，不想吃了。韩丽一听吓得够呛，为了不使崔明起疑心，她自己也吃了一点黄豆。

吃完晚饭不久，崔明就呼呼大睡，韩丽拿出崔明的手机连忙给董秋生打了个电话。10分钟后，董秋生拿着一把大铁锤来了，进门就问韩丽："他睡着了吗？"

董秋生走进里屋，崔明侧身躺在床上正呼呼大睡。董秋生拎起锤子，照着崔明的太阳穴就是一下。万万没有想到的是，挨了一击的崔明竟然没有昏迷，还挣扎着起来一边骂一边同董秋生抢夺铁锤。

董秋生见状吃了一惊，他一边夺锤子，一边骗崔明："你松手吧，你的头都流血了，你争不过我的。这样吧，这事儿咱们俩好好谈谈，毕竟是我们男人之间的事儿，我保证不动手。"

头上还流着血的崔明糊里糊涂竟然信以为真，他松了手，伸手拿过毛衣，刚把毛衣套在头上，董秋生又把大锤子拿起来，铆足了全身的力气恶狠狠地朝着崔明的头部砸去，只听"咚"的一声——这一锤子下去，崔明再也没有起来。

躲在外屋的韩丽听的真真切切，她一听里面没有了动静，赶紧进屋。打死了崔明，韩丽和董秋生又马不停蹄地抛尸、焚尸。

二人自以为万无一失，没有想到的是，不到两周，二人双双落入法网。

真相终于大白了，"潘金莲"韩丽和"西门庆"董秋生，人们唾弃和咒骂着这对"野鸳鸯"。

2005年6月29日上午，这对"野鸳鸯"在北京市第一中级人民法院接受审判，董秋生被判处死刑，缓期两年执行，韩丽因举报有功，被判处无期徒刑。崔明年迈的父母来到法庭，看到昔日的儿媳、今日的仇人竟然没有被判死刑，他们大失所望。崔明的老父亲反复念叨："他们要给我的儿子抵命！我不服，我要上诉！要不我儿子死不瞑目。"

有了悔意的韩丽觉得自己死有余辜，生无可恋，但是在孩子撕心裂肺的"要妈妈"声里，她还是落泪了。年迈的母亲和几岁的孩子相依为命，他们往后的日子可怎么过？想到这些，韩丽在狱中几次想撞墙自杀。董秋生那挺着大肚子的妻子来见他最后一面，他却自始至终不敢抬头看痛不欲生的妻子的脸，眼泪一串串往下落。孩子还没有出生就见不到爸爸，而且他的爸爸竟然是一个不折不扣的杀人犯，孩子从小将在别人的鄙视中长大。一想到这些，董秋生恨不能自己马上就被枪毙，他实在没有勇气再想下去了，实在没有勇气再苟活在这个世界上了。

晚了，太晚了！世界上没有后悔药，世界上也没有时空隧道。如果早就想到这些，或许时间回到过去，两个人都会克制自己的欲望，避免火花的产生。但是现在，留下给亲人的是无尽的伤害……

欲望的闸门一旦开启，没有了理性的控制，人的兽性就会冲毁一切。所有的伦理道德，所有的感情寄托都将不复存在。这对"野鸳鸯"应该受到法律的严惩，应该受到道德的谴责。从他们的身上，我们也看到了潜藏在某些角落的浮躁和不安。

警示：莫做情欲的奴隶

人一旦掉进情网，注定只能越陷越深，因为在爱情面前，理智与意志都是苍白无力的。

一位从情感迷途中解脱的男士告诉我——

几年来，我一直忘不掉她的倩影。她并不是十全十美的女孩，也许当初我并不爱她，只是由于在公司里共处一间办公室的缘故，让我们日久生情。我这个人比较沉静，却很喜欢她的活泼。她整天就像一只小燕子在公司里飞来飞去，一点也不安稳。开始我对她还有点儿烦，到后来她一离开我就觉得十分空虚，我知道自己已经喜欢上她了。年轻人心有灵犀，我也从她那暗传的眼波和掩饰的眼神里明白，她的心里给我留了位置。在一次送她回家的路上，我们各自向对方表露了心迹。以后的日子，就像所有热恋的人一样，我们尽情地享受着爱情的甜美。

天空不会永远是晴朗的。一年后，我们分手了。也许谁也拗不过缘分，但我至今也不明白她为什么要离开我。她说："在相爱最深时分手，才能把最美好的自己留给对方。"话虽然是句好话，但怎能这样把爱情理论化呢？如果真是这样，天哪！那人间岂不少了天长地久的爱情？我无法理解，这句话也许不是她内心深处的真话，但我至今也没有找到答案。从那以后，我一直对爱情讳莫如深。除了对旧爱的留恋之外，我已经失去了爱的激情。我知道这样不对，希望有一天能抛开这一切，真诚地寻觅人生的风雨同路人。

我们可能也有过类似的经历，尽管很多时候我们无法完全理解爱情和异性。

当代作家王小波在一篇小说里写道："人好像一本书，你要挑一本好的书来看。"所以看什么样的书，可以体现你的品位和性情。自然，不同的年纪，挑选的眼光也会有不同。至于怎样才算一本好书，最后还是由看书人自己的标准决定。在这方面，爱情有些盲目性，这与年龄、阅历没有关系。

爱情能够带来快感，诸如进食、排泄、性交也能带来快感，但因此便断定爱情必定与性不可分割，或爱情是如同性一样的快感，却过于牵强。爱情更多的是人类思维的器官（大脑）的感知，若简化为一部分肢体的感觉，就是一种很片面的看法。

爱情是自私的。但如何处理已经褪色甚至死亡的爱情，仍然是见仁见智。有这样一起案件：一个当警察的年轻人，跑去女朋友的住处把她枪杀了，然后又用同一支枪朝自己开了一枪。这位警察留下的遗书中不乏对自己感情的陈述。裴多菲说过："生命诚可贵，爱情价更高。"但因此认为这位年轻警察是在实践裴多菲的这两句诗，则是对爱情的极大误会。如果在这个时候，给所爱的人充分的自由，自己也会得到真正的解脱，并在对爱情问题的认识上有一个小小的升华。这虽说是对这首诗后两句的曲解，但也不失为结束爱情的一种双赢模式。当局者迷，要做到这一点极其不易，所以才会有年轻警察这样的悲剧发生。

为爱而违法犯罪，似乎有那么一点点让人同情的成分，遗憾的是，有些人铤而走险，相当多的情况为的是粗鄙的情欲——甚至就是为了身体局部器官欲望的满足。

可悲否？

6

以暴易暴，父女"接力"杀婿

因夫妻感情不和，不堪忍受丈夫打骂，27岁的刘文秀持刀猛砍丈夫赵大壮。在赵大壮经抢救已经脱离生命危险后，刘文秀的父亲刘井瑞又在女婿的病房里上演了病床索命的一幕。

到底是何等仇恨，让父女"接力"杀婿？自本案发生以来，笔者一直关注案件的进展，在采访了制造命案的主角——刘井瑞父女后，笔者又采访了办理此案的检察官，探寻了这起惨剧的根源……

残忍：女儿家里砍夫婿，父亲医院杀女婿……

早上，天刚蒙蒙亮。北京市房山区第一医院外三的病房里静悄悄的，病人们大都还在沉沉地睡着。照顾了一夜病人的家属有的累得歪在一旁睡觉，有的早早起床打饭去了。

因为在煤矿挖煤时摔断了腿，伤腿钻心地疼了一夜，躺在30号病床上的王信迷迷糊糊的，一整夜没睡踏实，天刚亮，他就歪着身子睁开了眼睛。邻床，29号病床的那个男的也早醒了，他佝偻着身子坐着。听说是昨晚两口子打架急了眼，夜里被老婆拿菜刀砍的，伤得不轻。他的头包得严严实实的，手上、腿上都有伤，昨晚也是呻吟了一夜。

突然，门一开，进来了一个人。病人的家属进进出出的，王信也没太在意。那个人径直走到29号病床，稍微打量了一下病床上坐着的人，好像两个人还说了几句话。突然，这个人举起了手中的东西使劲朝床上坐着的男人劈头盖脸地砍了下去。

不对！王信一下子醒过神儿来，他在打人！说时迟，那时快，他再仔细一看，那个人手里明晃晃举着一把菜刀，正一刀一刀死命地劈着床上那个男人。29号病床上的病人抽动着身子滚落到地上，像杀猪似的嚎叫着，拼命地躲闪着，血已经染红了床单。

这时王信和同病房的其他人都清醒过来，他们大叫："干什么，你！别砍人，住手！"那个人也不答话，手里的刀一刻都没停，一下、两下……

人们都吓蒙了，大家都不敢过去。躺在地上的人挣扎了一会儿就不动了，那个人把刀往地上一扔，转身跑了出去。

医院的医生护士忙成一锅粥，打电话报了警。上午8时30分左右，河北涿州市公安局指挥中心接到小坞村一位名叫刘井瑞的人的电话报案，他在电话中称：他杀人了，他要投案自首。警方迅速出动，在刘的家中将其抓获。

事发后人们得知，发生在医院的这起恶性凶杀案，竟然是父女俩的一场杀人"接力"……

招婿："倒插门儿"的小伙让老丈人全家乐开怀

惨死在医院的不是刘家的什么死敌，他就是刘井瑞的"倒插门儿女婿"赵大壮。说起赵大壮情愿"倒插门儿"到老刘家，那时候可是村里的一件新鲜事。

老刘头一家有四口人，老两口膝下还有俩闺女，日子过得不是太富裕，但家里也是有说有笑，其乐融融。老两口身子骨都挺硬实，但一直就有一块最大的心病——没有儿子。在农村，养儿子是为了防老，没有儿子那可是件大事。虽然两个闺女都很孝顺，但眼看着都成大姑娘了，身大袖长早晚得找人家嫁出去。都说"嫁出去的女儿泼出去的水"，等俩闺女都嫁了，屋里光剩下老两口，再过几年两个人年纪都大了，要是有个病有个灾的，依靠谁？

商量来商量去，老两口盘算好了，大闺女文秀也老大不小了，刘家能不能招一个"上门儿"的女婿？后来跟女儿一商量，女儿二话没说就一口答应了下来，老两口心里总算有了点底。从此，十里八乡的人都知道老刘家嫁女儿没有什么特别的要求，男方家里穷点苦点都无所谓，关键是小伙子要心甘情愿到刘家上门落户。

虽然随着经济的发展，人们对婚姻的观念也在逐渐发生改变，但是在观念相对落后的农村，大家对男方上女方家"倒插门儿"这种事还是看得非常重的。一般的人家是不愿意让自己的孩子上女方家的,那会很没面子,会让人觉得这家人窝囊,连媳妇都娶不起。就是男方到了女方家,也会有种抬不起头的感觉,虽然也算结婚,但好说不好听,面子上很难过得去。

"好事多磨"。挑来选去终于有个小伙子想通了,他就是赵大壮。

赵大壮家是易县的,年轻,有把子力气,人也挺老实。家里的人大都在北京打工,有个姐姐早就出嫁了。那次他姐姐听别人说起老刘家招上门儿女婿的事,回家后就给他提了提。赵大壮的家境一般,条件也不是太好,娶媳妇要盖房子、下彩礼、买家具等一大笔花销。见刘家的要求确实也不高,只要能"上门儿",其他的条件都好商量,赵大壮动心了。赵母也没反对自己的儿子落户到女方家,就这样经过几次接触,双方都还算满意,这事儿就这么定下来了。后来赵大壮和刘文秀风风光光地结婚了,一年之后他们的儿子赵明出生了。

生变:女婿脾气越来越大

俗话都说:"一个女婿半个儿。"特别是在农村这样需要劳动力的地方,赵大壮的到来确实给老刘家带来了新气象。说实话,赵大壮刚来时表现也确实不错。虽然他不太会说话,上来一阵脾气也挺暴,但是他干活不惜力,大活小活都抢着干。老两口看在眼里,喜在心头,像白捡了个儿子那么高兴。左邻右舍见了面,也少不了夸奖几句,说老刘家不知道哪辈子修来的福分,竟然招了这么好的女婿。

赵大壮心里也挺高兴的,虽然是"上门儿"的女婿,但他觉得只要两口子好好在一起过日子就行了,别的也没多想。后来为了向两位老人表示自己的诚意,在刘家盖五间瓦房时,他还主动垫付了一半的钱,那可是他拼死拼活打工攒下的钱。即使这样倒贴钱,赵大壮心里也挺高兴,他觉得一家人就应该这样。

或许人人都有忌妒心吧,时间一长,对赵大壮说三道四的一些风言风语就传出来了。本村人看见老刘家的日子一天天红火起来,赵大壮又这么能干,他们的心里有种酸溜溜的感觉。碰见赵大壮出门干活,有的当面和赵大壮笑脸打招呼,转过身就对赵大壮指指点点。有的说,赵大壮作为一个男人真没有骨气,不光心甘情愿做人家的"上门儿"女婿,还给人家当劳力使唤。还有的说得更难听,什么赵家以前欠了刘家的债还不起,是用赵大壮来顶债的,赵大壮不这么拼命干活只怕刘家是不答应的,要不为什么人家盖房子他宁愿自己白掏钱。

赵大壮刚开始也没觉得什么，他根本没把这些谣言放在心上。但是时间一长，特别是他越看刘家人对待自己的态度就越觉得那些谣言真像那么回事。尤其是有些村里人有事没事地老爱开赵大壮的玩笑，总拿这些来奚落他，他心里总是不太痛快。

也难怪赵大壮心里有些想法，其实刘井瑞两口子是好意，他们拿赵大壮当儿子看待，没拿他当什么外人，所以有时候和赵大壮说事情就不太那么藏着掖着。他们想，既然招的是"上门儿"女婿，那女婿就是自家人，他们百年之后，女婿还能像儿子那样给他们送终呢，所以平常也就没拿赵大壮当外人，有什么就当着他面说什么。

那天晚上，老两口和赵大壮夫妇吃晚饭时说着说着就说到了想给外孙子赵明改姓的事。原来老两口商量了好一阵子，如果能给外孙子改了姓就算是有了孙子，不光脸上光彩，将来闭眼时也能安心地走了。再说，把外孙子的姓改过来对女儿也有好处，孩子跟她姓刘，将来也是个依靠。

没想到，没等他们把话说完，赵大壮就坐不住了，他腾地一下站起来，脸都涨红了。

"你们家到底什么意思？把我当苦劳力使就算了，还想夺走我儿子。没门儿！他就姓赵，一辈子！"说完他一把拉起正在吃饭的赵明，甩开椅子就走。因为用力过猛，赵明被他拉疼了，哇哇大哭起来。

看着往日挺老实的女婿头一次发这么大的火，老两口先是一愣，然后气得说不出话来。他们没想到女婿这么跟他们说话，看着傻傻地坐在面前的女儿文秀，老两口没好气地数落她，叫她回去管管赵大壮，让他知道自己是什么身份，说到底是落户在刘家。

赵大壮回到自己的屋里，一边呵斥着赵明，一边暗暗地想："原来村里的人说的都是真的，他们老刘家说到底也是一家人。自己委屈来到他们家，白天干活晚上干活，没有一点儿闲着的时候。他们家盖房子钱不够，自己竟然傻乎乎地把辛辛苦苦挣的钱垫上了。就这样也没有赚出个好来，他们竟然还想给我儿子改姓。别欺负老实人，惹火了我，有你们家好受的。"

正想着，文秀回来了。看着媳妇那难看的脸色，不用说，准是她爹妈叫她兴师问罪来了。没等文秀开口，赵大壮像一头被憋坏了的猛兽一样，扑过来就是几个耳光。文秀没想到赵大壮下手这么重，她被打得眼冒金星，脑子嗡嗡作响。看着软弱的妻子只知道在一旁哭泣，赵大壮的心里得到了从来没有过的满足。

"哈哈，你们要是再敢欺负我赵大壮，我回来就收拾你们的闺女，谁怕谁！"

崩溃：弱女子暗夜里抄起了菜刀

有了那次的不欢而散，老刘家旷日持久的"家庭战争"终于打响了。

在老两口眼里，以前勤快老实的"乘龙快婿"慢慢变成了一个脾气暴躁、蛮横无理的人。赵大壮动不动就朝他们使脸色，甚至一句话说得不对他的心思，他就摔筷子、摔碗，甚至当着他们的面打孩子、打文秀。他们说他几句，他就恶狠狠地瞪着他们，那眼神就像一头被困久了的野兽一下子见到活物一样。老两口后悔不已，他们想不到一个人的变化竟然这么大，这哪是招女婿，分明给家里招了一只白眼狼。

赵大壮的脾气也越来越大，一想到那些风言风语和自己以前的傻样，他的气就不打一处来。有时候看到文秀和她父母坐在一起，赵大壮都会无名火起，他总觉得他们一家在商量怎么对付自己，说不定什么时候就要报复自己，因为自己永远是外姓人。有时候赵大壮就觉得他们已经不是自己的岳父岳母了，他们是自己的仇敌，那次发生的事情更加印证了他的猜测。

那天，赵大壮心情烦躁，赵明过来缠着他买东西吃，缠来缠去赵大壮急眼了，伸手打了儿子一巴掌。没想到在一旁干活的老丈母娘不干了。她一边过来哄赵明，一边指桑骂槐地说赵大壮，赵大壮一听也没好气地回了她几句。没想到，你一言我一语两个人互不相让就吵起来了，吵着吵着文秀的妈真急了，她怎么也不能容忍还是自己女婿的赵大壮这么跟她说话。她顺手抓过一根烧火的棍子，当头就给赵大壮来了一下。赵大壮拿手一捂，血慢慢地从指缝里渗了出来。

赵大壮狠狠地瞪了一眼面前的这个狠心的丈母娘，然后扭身就走，正巧文秀一脚门里一脚门外地和他走了个面对面。看到赵大壮受了伤，文秀急忙问他怎么回事，赵大壮一把推开了她："你妈打破我的头你不管，你现在装什么好人，滚开！"

受了委屈的文秀眼泪一下子就下来了，她的耳边又响起了赵大壮的咒骂声。而赵大壮一天也不愿在这个家待了。

赵大壮到邻居家借了辆摩托车去医院包扎伤口，晚上回来时就命令文秀跟自己搬到房山琉璃河镇南洛村的一间出租房里。

从那次动手以后，赵大壮就不再登老刘家的门了，他对文秀的打骂也逐渐升级。文秀的身上总是青一块儿紫一块儿的，老两口也总是悄悄掉眼泪，他们觉得对不起女儿，给自己的女儿找了这么个主儿，把自己的女儿推进了火坑。事已经到了这一步，说什么也没用了，他们除了催促女儿赶紧跟那个魔鬼离婚外，还能干什么呢？

要离婚，关键是怎么分家产。分家产的关键就是那五间瓦房。在这个问题上，赵大壮和刘家彻底闹僵了，双方谁也不肯退让，动不动就打起来。以前的一点点亲情早就没有了，双方俨然成了冤家对头，甚至有几次，赵大壮都跟自己的丈母娘、老丈人动了手。村里对刘家的三天一小打、五天一大打都习以为常了。

该着出事。那天晚上，文秀和赵大壮又激烈地争吵起来了。

吃完晚饭，赵大壮推开碗对文秀说："你跟你爹妈都商量好了，要跟我离婚，是不是？我跟你说，没门儿！你趁早死了这份心！你们说让我来你们家，我就来了。说让我干活，我就像死狗一样给你们家干。外人还以为我赵大壮真欠你们家的钱呢。你回头跟刘井瑞说，把咱们小坞村房子的房产证的名字改成咱们孩子赵明的名字。那个房子上有我的钱，不能白让他们住到死。"赵大壮说话从来就是这样，命令式的语气，而且不再把她父亲——他的老丈人当作长辈了，语气里根本没有一点尊重，直呼其名。

文秀刚开始没有吱声，她不愿意再招惹赵大壮了。但赵大壮话说得越来越难听，刘井瑞长刘井瑞短，骂骂咧咧没完没了。

文秀也不知道哪里来的勇气，她忍无可忍："你嘴巴干净点。你骂我打我都行，别骂我爹。再说了，你本来就是'上门儿'女婿，给孩子改名你不让，房子本来就是我爹的，凭什么改成你儿子的名，你是不是想将来一个人霸占？！"

赵大壮先是吃了一惊，没想到以前打不还手骂不还口的女人竟这么不给他面子。她说的话像在他的肺管子里撒了干石灰粉一样，呛得他眼珠子都红了。

赵大壮发了疯一样冲到文秀面前，抬手就给了她一个大嘴巴。文秀"啊"的一声倒在地上起不来了。这次赵大壮下手太重了！文秀的嘴角渗出了血丝。赵大壮还不解气，他跳过去，骑在文秀的身上举手就打。

"我让你嘴硬！我让你嘴硬！你爸不同意，我就打死你。离婚，离婚，把我赵大壮惹急眼了，我杀你全家。我杀一个够本儿，杀两个赚一个。"

文秀只觉得脸上火辣辣地疼，连哭的力气都没有了，她已经麻木了。

可赵大壮并不罢休，接着又推又搡，劈头盖脸又是几下："你同意不？你同意不？"几拳打得文秀头晕眼花，她一个弱女子怎么打得过这个大男人！

"你别打了！我跟我爸说，让我爸改房产证！"文秀不想被打死，她妥协了，赵大壮这才住了手，满意地上床睡觉去了。

不在沉默中爆发，就在沉默中灭亡。文秀虽然不知道这句话，但她这时候的心情已经完全和这句话吻合了，她这时候心里就一个感受：憋得慌。晚上，文秀坐在床上，听着赵大壮打着呼噜，她麻木的心一点一点苏醒过来。

我的命真苦呀！跟了这么个野兽一样的男人，刚开始时还挺照顾自己，可时间长了，狐狸的尾巴就露出来了。稍微不顺心他就拿我出气，三天两头非打即骂，为了孩子为了家我忍着。但他非但没有收敛，反而变本加厉，要夺我们家的房产。跟他离婚他又死活不同意，甚至放出话来，如果离婚得不到房子，就要杀我们全家。想到这里，文秀禁不住打了个寒战，想到家里的人，她浑身有了一种说不出来的力量，她要发泄，她要把以前受的委屈全发泄出来，要不会活活憋死的！

文秀想到这儿，悄悄下地拿了一把菜刀，看了看熟睡中的赵大壮，她稍微定定神，高高举起菜刀照着他的脸上就是一下。赵大壮"哎呀！"大叫了一声马上就从睡梦中惊醒了。血当时就出来了，流了赵大壮一脸。他看见老婆刘文秀举着刀在他面前，一副要跟他拼命的样子。赵大壮吓坏了！他的本能反应就是夺下文秀手中的刀，这样他就可以制服她了。于是，赵大壮拼命扑上来就跟文秀抢菜刀。文秀说什么也不给，她什么也不顾了，只想用刀砍死眼前这个男人，她使劲儿用菜刀胡乱地在赵大壮身上砍。赵大壮身上脸上全是血，他手边没有什么可以遮挡的东西，他一把拿起被子想捂住文秀，文秀闪开了。赵大壮抓着文秀的头发，文秀也抓着赵大壮的衣服，两人从床上打到地上，开始了殊死的较量。此时的文秀再也不是那个任赵大壮欺凌的软弱女子了，她成了一头猛兽。

赵大壮见自己难以制服刘文秀，慌乱中看见缩在床上一角的儿子，叫道："赵明，快下来把你妈手上的菜刀夺下来！"

小赵明就跑到文秀跟前，文秀一脚将孩子踹到了一边："你别管！"赵明就没敢再过来，他躲在一旁号啕大哭。

打斗中，赵大壮把文秀右手中指咬伤了，文秀的无名指也被他一口咬断了一节，文秀当时只觉得揪心地疼。毕竟是男人，浑身是血的赵大壮，最后使尽全身力气把文秀的刀夺了下来。他夺下刀从东窗户那里划开一个口子，将刀扔到了院子里。赵大壮稍稍松了口气，他一看自己满身是血又害怕了，朝外面大喊："杀人啦！救人呀！砍死人了！"此时的文秀就好像刚刚做了一场噩梦，她浑身绵软无力，一屁股瘫在了地上。

赵大壮对在一旁呆呆瘫坐着的文秀说："你赶快送我去医院！等我伤好了，你看我怎么收拾你，收拾你们全家！你们都想整死我，没那么容易！"

"义举"：老汉干脆先下手

在医生给赵大壮做手术的时候，文秀的父母闻讯赶来了。文秀哇的一声哭出了声。刘井瑞两口子心疼女儿，看到女儿浑身是血，手指更是惨不忍睹，也顾不得说什么，刘井瑞赶紧带着女儿去包扎手指。刘井瑞看女儿稍微好一点了，就问她怎么回事。文秀呜咽着诉说了经过，当听到赵大壮要改房产证，还说要是离婚就杀他全家时，刘井瑞心里猛地一沉。

刘井瑞从在医院见到女儿起心里就没有平静过。他看见女儿可怜巴巴地站在医院走廊里，用一团卫生纸捂着受伤的手，还时不时有血渗出来。女儿一脸愁苦，但赵大壮根本不管她的死活，女儿也没钱看病。女儿自从嫁给赵大壮，受了多少委屈啊！而招了这个"倒插门儿"女婿，家里人连几天福都没享过！看病需要不少钱，刘井瑞身上没带多少钱，他就回家找钱去了。在家里找了大约300元钱，他打算赶紧给女儿送去。

到了房山医院，刘井瑞没找到女儿，原来下午两点多，刘文秀去派出所作笔录，然后就回娘家了。但刘井瑞从门口看到赵大壮在病房正输液，赵大壮一边痛苦地呻吟，一边大声咒骂着。刘井瑞从房门外怔怔地盯着浑身上下被纱布包得严严实实的赵大壮，他的耳朵里又响起来那句可怕的话："杀你全家，杀你全家！"

坐车回家的路上，刘井瑞表情严肃，他一直在思索着怎么对付受伤的赵大壮。临下车，刘井瑞问司机要了电话号码，说他明天还去。刘井瑞回到家已是晚上7点，他看到女儿已经回来了，又看着一家老小凄惨的样子，刘井瑞根本吃不下，他心里堵得慌。想想七八年了，自从招了赵大壮这么个"上门儿"女婿，家里就没有安宁过！尤其是在赵大壮出了一半钱帮他们家盖起了五间房子后，他更是有恃无恐。这小子不把老两口放在眼里,也不在乎邻里邻居的影响,丢了他们刘井瑞家的脸。本来是好意,老两口膝下无儿,只盼着招个女婿上门儿,下半辈子也好有个指望,没想到招来了这么个东西。自己女儿天天挨打不说,现在更是想杀他们老刘家全家。本来过不到一块儿就离婚算了,可这婚还离不成。他们没少跟文秀说,叫她跟赵大壮离婚,还闹到过乡里,但赵大壮死活不离:房子我帮你们盖好了,就不想跟我过了,没那么容易!甚至,他还威胁他们说:"如果离婚我就杀你们全家。杀一个够本儿,杀俩赚一个!"要知道,赵大壮说到做到,而他们谁也打不过他。

刘井瑞越想越伤心,越想越生气。他觉得自己作为一家之主,为了女儿,为了这个家,不能再这么畏畏缩缩地活下去,该有个了结了。想着想着,刘井瑞暗自下定了决心:等你赵大壮伤好了,还有我们的好?不就是一命抵一命嘛,豁出去了!趁赵大壮住院不能动弹,杀了这个克星,这样就能保住全家人的性命!

刘井瑞想通了,反而觉得浑身轻松,像了却了一件大事!晚上他对老伴说明天不让文秀去医院了,给她找个医生去输液,他去医院看赵大壮。接着他就给昨天的那个司机打了电话,让他第二天早晨5点半到家里来接他再去房山医院。然后他又喝了两口酒,心里觉得舒服了一些,就安然睡下了。

天刚刚亮,刘井瑞就坐车到了医院。快走到赵大壮的病房门口时,正好迎面碰见亲家母——赵大壮的妈妈出来。

刘井瑞说:"赵大壮的媳妇输液呢,来不了,我过来看看。"老太太看见刘井瑞来看姑爷,还挺高兴,寒暄了两句她就去打豆浆了。

遇见亲家母并没有使刘井瑞"杀了赵大壮,拯救一家人"的决心发生一丝一毫的动摇。相反,他认为没有赵大壮的妈妈在场正好——也许这是天意吧!

走到病房里,刘井瑞看见赵大壮正仰面躺在病床上,身上、头上缠满了绷带。他一见赵大壮气就往上撞,以前的一幕幕都浮现在了眼前!刘井瑞也没有多说什么话,从腰间拿出菜刀就朝赵大壮头上砍去……

就这样,刘井瑞在完成"牺牲我一个,解脱一家人"的壮举后,打车回到了家里。家里人都在。刘井瑞就向大家郑重宣布:"我把赵大壮砍了,人可能不行了,我打110自首,这事和你们都无关。"说完,他拿起电话就打了110,非常镇定地说:"我是小坞村的刘井瑞,我砍死人了,你们快来吧,我在家等着。"把这一切事都做完后,刘井瑞就静静地坐在家里的沙发上等着警察的到来。对于突然发生的一切，家里人一片愕然。尤其是刘文秀，更是复杂得理不出头绪：她的父亲把她的丈夫、她孩子的爸爸砍死了，而这是为了她好，为了她们家好。此时的刘井瑞坐在沙发上抽着烟，看着吐出的烟圈，仿佛产生了幻觉。他很满意自己的计划圆满完成了，他不是在医院被抓的，而是自己报的警。他感到他现在就像一个慷慨赴死的英雄！不一会儿，警察来了。临走，刘井瑞还比比画画对妻子说柜子里有一张纸条叫妻子看。他们走后，刘井瑞的妻子流着眼泪果真在柜子里翻到一张字条，在黄纸上写着几行字。她不认字，就叫女儿来读。俩女人一看就哭得泣不成声。

字条是这样写的：

我刘井瑞杀死赵大壮，一人偿命。这也是没有办法的办法。为了一家人生存，为了女儿、外孙子，我只能豁出命杀死赵儿。否则他好了之后我们全家都得被他害死。

再见吧，亲人们！

2004 年 5 月 27 日

收场：父女同堂受审，惨剧谢幕

2004 年 11 月 5 日上午，刘井瑞、刘文秀父女二人依次走进北京市第一中级人民法院的法庭听宣。父女俩被分别判处死缓和有期徒刑 12 年。

刘文秀被带进法庭时穿着一件红色的外套，身材瘦小的她看上去比较平静，她始终不敢正视宣读判决书的法官。当听到对她从轻判处 12 年有期徒刑时，刘文秀显得非常激动，双眼很快变得通红，身体也不时向前倾。

刘文秀庭后接受采访时说，她根本没有想到这个判决结果，本来以为要被判死缓。此外，她对自己的孩子念念不忘，她说孩子学习很好，希望不要受此影响，继续好好学习。

刘文秀为何会获得从轻处理呢？本案的承办检察官对笔者说，刘文秀的前夫在案发前将她打成轻伤，这种施暴行为成为她杀人的诱因，因此她的前夫在案件起因上具有重大过错。

惨案发生了，刘家父女已经受到法律的严惩。但是刘家五口人，死的死伤的伤，坐牢的坐牢，好端端一个家庭就这样一夜间分崩离析了。想到这个家日后就剩下小赵明和刘井瑞的老伴儿艰难度日，每个人的心里都不好受。

　　刘井瑞自以为完成了带有悲剧色彩的壮举。他一心想要救家人，殊不知，他这样做的后果并不像他想的那么简单和美好。他已将生死置之度外，可他们家将失去一家之主。他的女儿刘文秀一样要面临牢狱之灾。家里只剩下老伴儿和一个小孩苦苦过活——这种情景还不凄惨吗？！而赵家失去唯一儿子的痛苦也是可想而知的。最痛苦的莫过于小赵明了，先是妈妈砍爸爸，接着姥爷又把爸爸砍死了。这一事件在赵明幼小的心灵里会投下怎样的阴影啊！刘井瑞父女杀人案给我们的启示是：弱者要学会用法律的武器保护自己！而不是其他，比如"以暴制暴"。

　　"家家有本难念的经。"当家庭成员之间发生纠纷时，当事人应该适当调整心理，理智对待，及时沟通。要尽量换位思考，不能以强凌弱、以大欺小，更不要用简单粗暴的方式对待对方。暴力行为更是有损人的自尊心，容易在人的心中留下阴影。尤其是一方对另一方长时间施暴后，人的本能就会让另一方产生以暴制暴的念头，在激愤的心理状态下受害人很容易用极端的手段泄愤。

　　但愿这样的人间悲剧不再重演！

7

"缘"成"孽缘",弱女子"围城"杀戮

每年的11月25日,是"国际反家庭暴力日"。根据调查显示,每三个家庭中就有一对夫妻动过手。与此同时,夫妻间的伤害演变成刑事案件的现象也渐渐进入我们的视线。

在弑夫案件中,这些女性用这种极端的手段结束了丈夫的生命,也结束了自己的噩梦。在寻求了各种救济手段都无济于事之后,这种了断对她们来说,是一种解脱。但是,真的没有更好的解决办法吗?

俗话说:"百年修得同船渡,千年修得共枕眠。"两个人能够走到一起,组建家庭是莫大的缘分。可是,为什么千年修得的"缘分"成了"孽缘"呢……

探因:弑夫案件为何频频发生?

时任北京市人民检察院第一分院公诉一处副处长的张荣革告诉我们,该院负责北京西部九个区县(包括北京市西城、宣武、海淀、石景山、门头沟、房山、昌平、大兴八个区及延庆县)重大刑事案件的审查起诉等工作。根据他们的统计:2004年1—10月份,该院公诉部门受理的所有的故意伤害以及故意杀人案件有87件,其中仅夫妻间的暴力犯罪案件就有16件之多,占到此类案件的19%,这着实引人深思。

张荣革告诉我们,通过对犯罪个体的文化素养、年龄、性别以及户籍的调查,他们发现,家庭内部的暴力犯罪与其他的暴力犯罪有着一些共同之处:首先是犯罪者的文化水平低。在他们的统计中,犯罪人中小学学历的占30%,初中学历的占40%,文盲的占10%,诸多犯罪人的文化程度都是不很高。其次,犯罪者年龄大都集中在 30～50 岁的青壮年期。最后，男性犯罪高于女性犯罪，特别在家庭内部暴力犯罪中，前者比后者高出 40 个百分点。

家庭内部暴力案件与其他同类案件一个最大的区别点就在于：家庭内部的暴力案件，女性犯罪者比例高于其他女性同类犯罪。这个现象产生的直接原因就是：家庭内部虐待现象的存在。大多数家庭虐待导致的恶性犯罪案件中，社会的优势地位和更多资源被男性所占有，男性的强势地位加上生理特点，攻击性自然就比较强烈，家庭中的女性就容易成为被虐待的对象。而家庭中的女性对长期打骂虐待的容忍如果积攒到一定程度，就产生了极端的解脱办法——弑夫。

锤杀：难以摆脱无尽的暴力侵害，弱女子杀夫

由于不堪忍受长期的殴打与羞辱，农村妇女王秋菊愤而举锤将前夫杀死。2004 年 10 月 27 日上午，北京市第一中级人民法院对这起案件进行了公开宣判，以故意杀人罪判处王秋菊有期徒刑 11 年，剥夺政治权利两年。宣判后，王秋菊没有提出上诉。

这是因为家庭暴力引发的又一起前妻杀死前夫的杀人案。王秋菊杀死前夫刘国强后，不少村民主动为王秋菊求情，说王秋菊这个弱女子实在是被逼无奈才杀了人。王秋菊无法避免法律的惩罚，因为她毕竟犯下了杀人大罪。我们的疑惑是：在王秋菊举起砸死前夫的铁锤之前，她的面前有没有一条路，能够让她不犯杀人罪也可以免受丈夫长年累月的暴力？

起源：都是生女儿惹的祸！

王秋菊是 22 岁那年经人介绍和刘国强认识的。他们两人同岁，王秋菊的家在山区，她丈夫的家在平原，两家相隔 30 多里路。他俩在 1993 年 10 月结的婚，婚后一度感情还不错。

刘国强所在的村庄，原来是个农业村。后来村里把地陆续卖了，田野上建起了大大小小的企业，村民们也逐渐脱离了土地。刘国强买了一辆旧拖拉机，搞起了运输，生活虽不富裕，可安定，在村里也算得上中等水平了。那一段时光，似乎是王秋菊婚后最幸福的日子。

1995年4月，他俩的第一个孩子出世了，是个女孩。这让她的丈夫刘国强很失望。刘国强一心想要男孩。3年后，他顶着超生受罚的"雷"，让妻子怀上了二胎。1999年6月孩子落地，又是个女孩。这一下，刘国强彻底绝望了。

王秋菊说，从这以后，刘国强开始疯狂地打她、折磨她。

村民有另一种说法。村民认为是他们家的新房惹的祸。

他们家原来住的是三间旧房。后来当地要建一个大型水泥合资厂，要占他们家的宅基地，厂子给了一笔拆迁款。村里给他们家另批了一块宅基地，又给买了盖新房的砖瓦。他们家盖起了4间新房，还落下了一笔钱。刘国强运输也不搞了，成天用这笔钱喝酒，喝醉了就打媳妇。

不管什么原因，有一点大约是可以肯定的：就是从1999年开始，王秋菊就陷入了丈夫刘国强无休止的摧残之中。

家庭暴力竟然残忍到不可想象的程度

王秋菊从镇派出所被带走之前，派出所民警把她身上的伤痕拍了照："全身紫烂青"。这是刘国强最后一次在她身上留下的伤痕。而数年间，她瘦小的躯体，又有多少次都是这样伤痕累累？

王秋菊在接受检察官讯问时说，她的丈夫刘国强每天都要喝酒，有时候是去饭馆喝，有时候就在家喝，一顿可以喝五六个口杯，每次都喝得醉醺醺的。他喝醉酒，王秋菊的悲惨遭遇就开始了。轻的，是用巴掌，用拳头，用脚；重的，就抄家伙。他把王秋菊捆起来，皮带、棍棒、铁锹……都是他殴打妻子的工具。有时候没喝醉，心情不好，也打。他的家里，常常传出王秋菊的哭嚎和惨叫。王秋菊的脸和眼睛总是肿的，往往旧伤没好，又添了新伤。他还在天寒地冻的季节，脱光了王秋菊和孩子的衣服，让她们在院子里冻着。

王秋菊是丈夫刘国强欺凌的对象，也是他发泄兽欲的工具。刘国强在这方面心理也是变态的。无论是白天还是黑夜，无论是在屋里还是在院子里，无论是在床上还是地下，他什么时候想，就什么时候强迫妻子满足他的生理需要。他通过种种摧残的手段来获得快感。比如，他家的屋门前有7级石阶，他就不止一次强迫妻子脱光衣服头高脚低竖躺在石阶上。等他发泄完兽欲，王秋菊的整个后背都没了皮。

可怜的王秋菊，她身上所有体现女人独特魅力的地方，都破损着，肿胀着，或是焦黑着——那是被刘国强用烟头烫的结果，令人不忍去看。

王秋菊跪着求过他："你也不用干活，我养活你，只要你别打我……"

女儿们跪着求过父亲："爸，你别打我妈了。打死我妈，谁管我们啊？"

变态的男人，失去人性的男人，任是什么也打动不了他的心。而对于家庭的责任，他早就担负不起来了。他的家，是村里最穷的人家之一。家里没有一件不破损的家具，没有几块完整的玻璃。冬季，有时连买取暖煤的钱都没有。一个月他最多到外面干十来天活儿，挣的钱，绝大部分用来供自己喝酒玩乐。他不仅酗酒，而且嗜赌。有一次，家里断了顿，他兜里有钱，却不肯用来买粮食油盐。他的弟弟把他捆起来，从他身上搜出这些钱交给王秋菊。弟弟一走，他就又把钱要了回去。

出事前，刘国强的一个姐姐帮他找了一份活儿，1个月800元，干了3个月，一共挣了2400元。开支那天，他姐姐和雇主商量，想把一部分钱直接给王秋菊作家用。商量来商量去，最后还是怕他闹，把钱全给了他。他到区里喝了一天，在村里喝了几天，再加上赌，几天就把这笔钱糟蹋了个一干二净。

王秋菊不得不靠捡破烂维持自己和两个孩子的生活。除了捡那些可以卖钱的废品，她还捡柴禾和煤核，用作做饭和取暖的燃料。她的大姑和小叔，在这个家揭不开锅的时候，也偷偷塞给她一两百块钱，或是为这个家买些食物和生活用品。

离了婚，还是摆脱不了恶魔前夫

最初，王秋菊相信丈夫刘国强这种变态的暴戾是精神有病。村里人也说她丈夫有病。她用自己捡破烂换来的钱，给丈夫治病。她带丈夫去过区里的医院也去过市里的医院，可没有任何效果。她又听人说，河北某地有一个女"神医"专治疑难杂症，就带丈夫到河北去看这位女"神医"，一次药费就是1000多元。花了不知多少钱，丈夫的残暴依旧。

在觉悟到丈夫的残暴用药是治不好的之后，她向丈夫提出了离婚。

有多少人能够理解，一个农村妇女离婚的艰难？

她的丈夫不同意离婚，还用拳头和棍棒逼她打消离婚的念头，并且警告她说："你离了婚，到哪儿我都找得着你，饶不了你！"

最要命的是，她还要面对当地习俗和舆论的压力。村里许多人都知道她长期挨丈夫的打，都对她抱着深深的同情，但一听她说要离婚，却都劝道："离什么婚啊，孩子都这么大了，凑合着过吧。"连村妇联主任都这么说。

在农村，一个离了婚的女人是被人轻视的。但那也比丈夫肉体上的摧残和精神上的虐待要好受得多。希望支撑着王秋菊。一向顺从而胆怯的她，在离婚诉讼期间有了无比的坚毅和勇气。她一次又一次跑村委会，跑法院。不管多少沟坎横在面前，她都没有动摇过。当丈夫打她的时候，她就对自己说：让他打吧，让他打吧。离了婚，他还能打吗？

2003年9月，法院的离婚判决终于下来那天，王秋菊觉得自己的苦难到了头。

她什么都没有要，一个人，只带着自己的几样旧衣物，回到了娘家。但她怎么也没有想到，只在娘家待了几天，丈夫刘国强，不，那时该称为"前夫"了，就追到了她的娘家，愣是用刀威逼着她和她的家人，强迫她回到了原来的家。

刘国强对她的暴力比没离婚前更频繁、更狠了。当离婚也无法使她摆脱这非人的折磨时，生活的希望破灭了。

解脱：锤杀前夫，她感到了从未有过的自由

2004年6月14日，刘国强喝完酒，又一次狂暴地打了王秋菊。她瘦小的身子，又一次一块块地变青、变紫、破碎、流血。打完，又强迫她性交。从14日到17日的4天里，她反复承受着前夫如此的兽行。

6月16日夜，刘国强在外饮酒后回到家中，也许是酒精的麻醉让他再次失去理智，见到王秋菊就是一顿打骂，还将屋里的衣物扔出门外。身单力薄的王秋菊捡起被丢在院中的衣服准备回娘家躲一躲，可是刘国强拿着铁锹劈头盖脸地打向王秋菊，一打就是两个小时。6月17日凌晨，打累了的刘国强酣然睡去，而此时的王秋菊已是心灰意冷。她彻底绝望了，她决定"干掉"面前这个给她带来无比痛苦的人。

下午5点多钟。王秋菊把两个孩子支出家，从西厢房找出一把铁锤，走到东厢房正躺在床上呼呼大睡的刘国强身边，对着他的后脑狠狠砸下去。第一锤下去，她看到刘国强的身子扭动了一下，似乎要坐起来向她扑过来。她惊得闭上了眼睛，用更大的气力，又对着刘国强的后脑连砸了两三下，前夫一动不动了。

在她和刘国强之间，从来都是她流血。这一次，她看到血从刘国强的头部流了出来。

在感到解脱的同时，她也感到了惊恐和慌乱。她走到西厢房，想从衣柜里找条棉被把前夫盖起来。衣柜里全家秋冬季的衣物被她拉拽了一地。王秋菊用棉被把前夫从头到脚盖严后，她走出了家门。

她先去的是街里一位表婶家。这位表婶，在她充满苦难的人生里，多年来一直关心着她，也帮助过她。她想告诉表婶自己把前夫杀了，托表婶今后照顾自己两个可怜的孩子。在这个世界上，还让她牵挂的，只有这两个从生下来就没有过过一天好日子的孩子。可表婶没在家。

从表婶家出来，她就去了镇派出所自首。

警车呼啸着开到她和刘国强共同生活的家。一霎时，王秋菊把刘国强杀了的消息就传遍了全村。几乎没有人相信这个又瘦又矮，被刘国强像小鸡一样拎着打的女人会杀人。

人们相信了：一个逆来顺受惯了的弱女子，在生不如死、走投无路的境地里，能做出什么样的事情来。

认命：弑夫难道就是命中注定？！

王秋菊被关押在北京市第二看守所内。她觉得待在看守所比待在家里强。

王秋菊："我觉得这里面，虽然没有自由，也是比外面强。"

笔者："比什么时候强？"

王秋菊："比我在家的时候强。"

笔者："为什么？"

王秋菊："因为回家每天都是提心吊胆的感觉，不一定就发生什么事了，发生什么冲突了，他就没有理由的，给我找麻烦，我在这里面，再没有人给我找麻烦。"

当我们采访她时，王秋菊一再说："现在感觉这就是命。"

"这就是命！"这是一种什么样的命运，什么样的经历，让年纪轻轻的王秋菊不惜冒着坐牢杀头的危险杀掉和自己生活多年的丈夫？

结婚以后，王秋菊的丈夫比婚前更加能喝酒，经常和自己的一些酒友喝到半夜，而且一喝就喝的酩酊大醉。每到这个时候，他一回家，就开始从精神和肉体上摧残王秋菊。

王秋菊说："我觉得别人家的夫妻两个人生气是生气，吵架是吵架，大不了踢一脚怎么样，他也不知道怎么回事，他在外面喝酒，我自己在家里面，因为孩子也不吃饭，也不干啥，就是喝奶，我就做了一锅面疙瘩汤，我都不知道因为啥，一锅汤全泼在我后面，他好像是没有理由的，这么闹腾。"

说着她哭了起来，停顿了一会儿，她哽咽着说："有一回，我们在平房住的时候，他喝酒回来，我已经睡觉了，我就没起来，就这样都不行。到现在，他在外面喝酒喝到四点，我就坐到四点，等他回来，我连衣服也不敢脱。后来实在没办法的情况下，他喝酒喝多了，去厨房找刀，找什么工具的时候，找东西打我的时候，我开开门就跑出去，把门关上，这种能躲过，有的时候躲过，有的时候躲不过。所以到现在，他什么时候回家，我才什么时候（睡觉），有的时候一宿一宿不睡觉。"

笔者："他不喝酒的时候对你好吗？"王秋菊说："不喝酒，他回来也不说啥话，我该做饭做饭，我俩好像也没那么多话说，我收拾家，做饭，都收拾完了以后，没人叫他喝酒了，或者不出去喝酒去了，就看会儿电视睡觉了，没那么多事情……"

王秋菊的日子很苦，但她没有跟自己的朋友们说过自己心里的苦，因为她怕人笑话自己。

"唠家里的这些事情，我怕他们（亲戚朋友）笑话我的软弱，所以我不愿意说这些事。"王秋菊说："我觉得我自己软弱。要是狠下心来也不会这样的。或者我不惦记孩子，不惦记这些，我如果去外地打工，也可以养活自己。"

软弱，不错。说心里话，看到王秋菊的遭遇，我们非常同情，但同时也为王秋菊多年来一直默默忍受丈夫对自己的摧残而感到一丝悲凉。如果从一开始王秋菊对丈夫的毒打，选择的不是逃避，也许今天的悲剧就不会发生。从某种程序上讲，王秋菊的忍耐，助长了丈夫的恶行。

王秋菊的一位邻居告诉我们："她丈夫，咋说呢，我觉得在我人生的四十多年里，这种人很少见的，他的性子太恶劣了，多次叫王秋菊跳楼，让她自杀，老打她，她这个手腕上有两道疤是她丈夫拿菜刀砍的，脖子上还有两道，肚子上还有一道，大多是她丈夫喝完酒回来，打她，打完她又要求性生活，王秋菊不让，丈夫就拿蒙古刀捅……经常是王秋菊被追得无处藏，我们经常把她藏在女澡堂里……王秋菊跑到邻居家里，他就追到邻居那儿，有时候跑到库房顶，二十六七米高，照样追上去打，太残忍了。"

另一位邻居说："她那个人特别要强，不像我们这些女的，爱说爱道的。我们有时候问她，怎么闹的，她哭，也不说啥。完了就是脸上红一块儿，紫一块儿，让人打的，总是这种情况，老是打得连班也上不成。要不就是一个月还没过半个月呢，钱就让他爷们儿喝酒花光了，还管我借过钱呢，那也是她实在没办法，因为她说，孩子学校要学费了，不够。"

我们问这位邻居："你要是她你怎么办？"她回答说，"我也会杀了他的，这男的太恶了。"

在王秋菊被虐待的这么多年里，周围邻居都知道王秋菊被摧残的程度，这些人虽然对王秋菊的遭遇非常同情，当其丈夫在公开场合追打王秋菊的时候也曾经劝过架。但是事后，这些人最多只是劝王秋菊和丈夫离婚，他们都没有意识到，刘国强的行为早已经触犯了法律。王秋菊只是在一天一天忍耐，而危险也在一天一天堆积。

笔者问："为什么不通过别的方式来解决？"

王秋菊回答说："以前试过，我去法院起诉过离婚，但总也离不了。我妹妹那时候没结婚，他说找社会上那些人找我妹妹去，找我家去，杀我家去，就这样说。我一想我哥也是特别老实，文化人，我爸岁数大了，身体也不好，在我家也没人说得了他，我又怕他确实去我家闹，所以也离不成。后来打得没办法了，我在外面租个房子住，我在那边上班，他就跟到我住的地方，就在那打我。我也去派出所告过，但是人家说你们夫妻俩的事人家也管不了。他自己也跟我说，就算你把我送到公安局，公安局也不能把我咋的。后来我自己一想，也是这么回事。"

笔者问："难道没有跟派出所交流过吗？"王秋菊说："没有，人家都不问你为啥，一问，你们俩啥关系，我说我俩是夫妻，他们就说'夫妻就回家解决吧。'"

"那你身上有伤他们也不管了？"

"有伤也没跟他们说过啊。"

"为什么不说啊？"

"我想我说了又有什么用。"

"至少有伤证明事情比较严重。"

"我没那么想,我想如果说了,他们可能把我保护起来,把我搁到派出所里头。我能不上班吗?"

"为什么是把你搁到派出所里面,不是把他搁到派出所?"

"这些事情我没考虑。"

"你想到把他送到这个派出所里面吗?"

王秋菊回答:"没有。"

听到王秋菊的这段话,我真不知道该说些什么。其实,在王秋菊被虐待的过程中,最有可能制止其丈夫暴行的,就是当地的派出所。如果说同事和邻居因为不懂法而没有报警,还有情可原,但当王秋菊在绝望之中走进派出所时,警察却把刘国强的暴行当作普通的家务纠纷一推了事,这就无论如何也不能令人理解和原谅了。假如警察当时能够果断地制止刘国强对王秋菊的摧残,也许王秋菊早就可以脱离苦海,而事情也不会是今天这个样子。

笔者:"事情发生到这一步,你后悔吗?"

王秋菊:"我觉得我的心里好像解脱了,家里也能过上平静的日子了,我在这里面,再也不会担惊受怕了,再也不会有不想回家的感觉了。"

笔者:"你对今后的生活有什么预期呢?"

王秋菊:"没考虑过。"

笔者:"想一下。"

王秋菊:"这怎么说?我也不知道自己能不能出去,也不知道多少年能出去,我出去什么工作都没有,我拿什么来考虑?"

笔者:"现在想见孩子吗?"

王秋菊:"想见。我就想,要叫她们好好的上学,别再出去贪玩,孩子现在不小了,正是容易学坏的时候,家里人要是管不了,孩子再成天不回家,怕她们会出事。我就担心孩子……(哭泣)"

笔者:"你估计孩子怎么想这个事情?"

王秋菊:"我家孩子?我想我家孩子,她们父亲不在了,不会有多大的痛苦,只能说我不在身边,她们能想我。"

笔者:"那你觉得你的孩子会怎么想,自己的母亲把自己的父亲杀了这个事情?"

王秋菊:"我想孩子的心里也挺痛苦的,但是我家孩子以前也问过我这个问题,妈妈,为什么别人的爸爸不喝酒,我爸爸怎么就喝着没完,就这么闹腾?我说我也不知道。有的时候，我告诉我家孩子，我说看到你爸喝多了，你就躲去，不管上学不上学。孩子的爸爸对孩子很粗暴，他让孩子上学孩子才敢去上学，不让去孩子就不敢去，孩子心里挺恨她爸的。"

尽管王秋菊的遭遇令人同情，但她毕竟杀了人，触犯了法律。几天前，王秋菊所在村的村民共同给有关部门写了一封求情信，希望有关部门能够考虑到王秋菊案件的特殊性，对其从轻发落。

一开始王秋菊对我们说了一段话，这段话像是王秋菊对自己命运的感慨，而在我们听来，却像是对我们这些旁观者的控诉。

王秋菊说："我想可能就是我的命吧，命中注定的。"

采访结束时，我们问她："现在还怎么想？"

王秋菊说："现在感觉这就是命。"

拷问：悲剧为什么无法阻止？

这就是这起悲剧的来龙去脉。我们之所以关注这起悲剧，是因为在我国的亲情犯罪里，由于不堪丈夫虐待而杀人的女性，占了相当大的比例。我们读过许多这类的报道。作者们在自己报道的最后，几乎无一例外地感慨道：由于没有采取合法的手段保护自己，最终从受害者沦为杀人犯，这多么值得人们深思啊……

更值得人们深思的，是为什么有那么多被虐待的女性，甘愿冒着鱼死网破的风险，选择犯罪，甚至是犯死罪来结束痛苦的婚姻？

在采访此案时，不容回避的一个问题就是，在王秋菊举起砸死前夫的铁锤之前，在她的面前有没有一条路，能够让她不犯杀人罪也可以免受丈夫长年累月的暴力？在没出人命之前，难道就没有人能多管、深管这种家庭暴力？

妇联被视为受害妇女的"娘家"，王秋菊受丈夫虐待这么多年，她找过"娘家"吗？当地的妇联主任承认，王秋菊找过她。她表示，自己无能为力，也就是教育和调解吧。我们问道："要是教育调解完，王秋菊的丈夫还打她呢？"这位"娘家人"无奈地说："那我们也没法子了。别说村妇联，就是镇妇联，也没别的办法。"

不能怪这位妇联主任维护妇女合法权益不力。这是一个有着3000多人口的大村，就这么一位妇女工作者，还要兼管其他工作。对于一个农村最基层的妇联主任来说，到底有多少权限，或说力量，能够对家庭暴力的实施者有所震慑和约束呢？而且，妇联不是执法部门，并不具备处罚和强制的职能。

派出所是具有强制职能的。但对于丈夫打妻子这样的事，也只能是对打人者进行批评教育。王秋菊杀了前夫，连小孩都知道是犯罪，要受法律的制裁；而刘国强把王秋菊打得下不了床，却不算犯罪，或者说没人认为这是犯罪。没到犯罪的程度，就没人能管，也没人愿意多管、深管。

刘国强没喝酒、情绪比较好的时候，村里有人劝说过他。但当他发起疯来，人们只能感叹着王秋菊和她孩子们的命运，谁也不敢破门去阻拦刘国强的暴行。

王秋菊的小叔子，也就是刘国强的亲弟弟，因为看不过哥哥虐待嫂子，曾经采用"以暴制暴"的手段，找了人，把哥哥捆起来痛打。刘国强当时表示认错、改过，但事后，他还是用王秋菊的肉体，做了自己泄恨的靶子。

为了逃避丈夫的暴力，王秋菊跑回过娘家，刘国强追到她娘家又打又砸地要人。王秋菊也躲到过乡亲家。刘国强腰里别着大刀，到和王秋菊关系比较近的人家挨户找，在谁家找到，就在谁家闹个鸡犬不宁。为了不连累娘家和村里人，王秋菊谁家也不敢去了，在丈夫施暴后，她只好躲到村外的河滩和玉米地里。

似乎"谁都拿王秋菊的丈夫没辙"，难道真的山穷水尽了吗？

王秋菊不是没有法律意识，她也想用合法的手段来保护自己。她顶着重重压力坚持离婚。在现实生活里，法律对于需要保护的、受欺凌的弱者，有时却显得那样无助。悲剧的发生，在于她离了婚也不能摆脱前夫和前夫的虐待。

从理论上讲，这不是一道难解的题：离婚后刘国强胁迫她继续同居的行为，强行和她发生性关系的行为，都可以作为违法甚至是犯罪的行为处理。殴打她，也不再属于家庭暴力的范畴，而变成了对社会公民的不法侵害。王秋菊完全可以再次拿起法律的武器，去控告她的前夫。

但在现实世界里，对一个孱弱的农村妇女来说，这却是一个解不开的结，迈不过去的坎儿。王秋菊是想告过，但不是上法院，她只打算去妇联。她把告状的想法告诉村里要好的乡邻，乡邻劝她："告什么啊，为了俩孩子，你就忍了吧。"也许王秋菊去告前夫的更大的障碍还是农村的传统观念和习俗。在王秋菊生活的环境里，没有人告过这样的状，也没有人认为王秋菊应该去告这个状。村民们提到王秋菊的丈夫殴打王秋菊，总是用"打架"这个词。人们还是把这当作"家务事"。"清官难断家务事"，这是一句古话。可见断家务事之难。今天，"家务事"断起来，仍然是一件难事，何况面对的又是这样一个在村子里没人敢惹的人。

王秋菊没有再次去法院状告她的前夫，表面上看是她放弃了用合法手段保护自己的机会。但如果她去告了，又会有什么结果？她需要的不仅是一个惩罚前夫恶行的判决（就像她已经拿到的离婚判决），她更需要人身安全的保障。只有一个离婚判决，能不能给她提供这样的保障？

在本文的写作过程中，我们设想了一个又一个"如果"：

如果我们有那种专门救助遭受家庭暴力的妇女的庇护所，能够让王秋菊在躲避丈夫的摧残或者状告丈夫时有一个哪怕是暂时的容身之处；如果我们的法律援助机构能够让王秋菊这样的弱者方便地找寻到，并能有效地展开法律救援，王秋菊砸死前夫的悲剧是不是可以避免？

我想，当前我们也许并不缺少保护妇女合法权益的法律法规。比如，民法典里有针对家庭暴力的条款，刑法里有虐待罪……但我们缺少的是履行这法律的足够的手段和力量。我们迫切需要的不仅是完善那些保护妇女合法权益的条文本身，更是如何使这些条文落到实处——落实到那些仍然生活在丈夫的拳脚棍棒下的妇女身上。

建立能够切实保护妇女合法权益的社会环境和法律环境，我们的国家和社会，还有很多事要做。

让人深感沉重的，不仅是王秋菊不幸的命运，还有她的两个孩子的命运。两个孩子现在生活在奶奶家，村委会打算给两个孩子都办理"低保"。"十一"期间，两个孩子到王秋菊的表姊家住了一个星期。半夜，王秋菊的表姊听到孩子把头蒙在被窝儿里哭。

大女儿说："表奶奶，我想我妈。您多会儿看我妈去呀？您看我妈，我跟您去。"王秋菊的表姊，眼泪都要掉下来了。

这些年里，这位表姊多次被刘国强要挟着，和他一块儿到王秋菊的娘家去接被打跑的王秋菊。她至今还记得，王秋菊的老母亲给他们下跪，哭着说："接回去，就毁了我们闺女了……"

出事前三天，刘国强到这位表姊家来过，说："我把王秋菊打坏了，您去我家劝劝她。"不巧的是，王秋菊的表姊那两天刚好家里有事，没顾上。第三天，她抽出空儿到王秋菊家去的时候，刘国强已经被杀死了。

王秋菊的表姊特别后悔："要是我早点儿去，让秋菊有个解心宽的人，兴许她就不会干出这件事了。"但王秋菊能改变被前夫虐待的处境吗？

检察院负责此案的同志到村里调查取证，村民们纷纷为王秋菊请求宽大处理，一个原因是王秋菊是被逼无奈才杀了人；另一个原因，是为了王秋菊的孩子。

但无论法律能否宽大，能够宽大到什么程度，两个孩子，都不可避免要过一段相当长时间孤儿的生活。

问题：家庭暴力的阴影下，家庭战争在升级

新中国成立后特别是改革开放以来，妇女的政治地位、社会地位和家庭地位都有很大提高，国家提倡男女平等，妇女有参政议政的权利，妇女有同等的就业权，有获得与男子同等报酬的权利。另外，劳动法还就妇女在劳动中的特殊劳动保护作出了规定。尽管如此，虐待妇女的现象还是时有发生。

施暴者九成是男性。这些施暴者轻则拳打脚踢，重则用东西砸，此外还有性暴力和精神暴力，严重侵害了广大妇女的合法权益和身心健康，其影响远远超出了家庭范围，甚至已经成为社会公害。

我国宪法明确规定，禁止虐待老人、妇女、儿童；民法典也规定，禁止家庭成员间的虐待；刑法还规定了虐待罪、故意伤害罪、故意杀人罪……虽然制裁家庭暴力有法可依，但是由于受到"家丑不可外扬""清官难断家务事"等传统观念的影响；由于大多数家庭中，妇女在经济上处于依赖男性的地位；再加上文化素质等方面的原因，导致受暴人不愿寻求法律保护、执法部门取证困难，这类案件中施暴者受到处罚的很少，妇女往往成为家庭暴力中的主要受害者。

同时，家庭纠纷无疑已经成为女性犯罪的又一重要原因。妇女作为家庭的重要成员，对维护家庭的稳定、团结具有举足轻重的作用。同时，女性也极容易成为被侵害的对象，成为家庭矛盾的焦点。然而，当女性自身受到侵害，矛盾发展到一定程度时，有的妇女就会冲破法律的约束，对侵害她的人予以反抗，甚至把侵害者置于死地而后快；或者为消除矛盾根源，对引起纠纷的家庭成员"清理门户"，以解心头之恨。

俗话说，世上没有无缘无故的爱，也没有无缘无故的恨。一对男女从相识、

相恋到结婚成家，肯定有一定的感情基础，但由于种种原因，丈夫成了家庭中的"暴君"、虐待狂，使受虐待妇女不堪忍受。很多案件中，一开始受虐待的妻子并不是立即行动"以暴制暴"。大部分女性为了家庭，为了儿女，都是尽量忍受或四处求助，只有当她们求助无门，"受不了、摆不脱、跑不掉"时，才最终选择犯罪作为摆脱家庭暴力的手段。

由于家庭暴力的特殊性，使得受虐待妇女长期遭受身心折磨，其心理及意志受到严重摧残，因而，受虐待妇女一旦反抗，往往会走上刑事犯罪的道路。这类案件的共同特点是：犯罪动机明确（除掉施暴者），手段残忍（一般采取投毒、暗杀等），具有毁灭性（不但杀死施暴者，有时还残杀儿女，再自杀），复仇特征明显。其一般模式是：暴力—忍受—再暴力—求助—暴力升级—求助无效—实施犯罪。由此可见，家庭暴力诱发女性刑事犯罪，并非一朝一夕，而是有一个明显的发展过程。在这一过程中，整个社会对她们的救助是十分关键的。

然而，在现实生活中，遭受家庭暴力侵害的妇女要摆脱暴力侵害及虐待，可选择的途径却十分有限。虽然在理论上可以离婚或找有关基层组织调解，但事实上这两条路并不好走。

先说离婚。首先许多妇女都把"家庭"置于非常重要的位置，为了一个家的完整，为了儿女的成长，她们宁愿自己吃苦受虐待，也不愿轻易提出离婚。而一些施暴者更是借口"喝醉酒""心烦"，属"家庭事务"等来拒绝离婚。

至于基层组织的调解手段，施救效果更是有限。"清官难断家事案"，从本书所涉及的案件来看，虽然家庭暴力的受害者单位、当地派出所、妇联等单位做了大量的调解工作，但效果并不理想。相反，一些施暴者认为妻子到处宣扬"家丑"，影响了自己的"形象"，反而会变本加厉地加以报复，从而激化矛盾，导致受虐待女性"忍无可忍"，直至走上犯罪道路。

妇女面对的家庭暴力往往被简单地说成"丈夫打老婆"。但事实并不这么简单。

首先，人们发现，不仅是婚姻关系中的丈夫打老婆，还有许多亲密关系中也存在着暴力，如男女朋友同居关系、前夫前妻关系，等等；其次，家庭暴力不仅是"打"这种"身体攻击"，还包括性攻击、婚内强奸、威胁、限制自由、辱骂及使用伤害自尊的语言等精神暴力；最后，针对妇女的家庭暴力通常是与妇女的从属地位相联系的。这种从属地位不仅表现在女性在家庭中地位低于男性，也表现在男性施暴者认为自己有权利对其亲密伙伴进行身体、性以及心理上的强行攻击，并以此控制对方。它们反映的是性别不平等，因此，家庭暴力也被称为"基于性别的暴力"。

目前没有一个统一的、标准的或各学派都认可的家庭暴力定义。但大多数学者都同意，家庭暴力不仅仅是身体攻击，还包括贬低辱骂伙伴，孤立伙伴、避免伙伴与家庭成员或朋友接触，经济控制，禁止伙伴出门工作，殴打或威胁伙伴，性攻击，等等。这些行为将造成家庭成员或亲密伙伴中一方的心理或生理的伤害。

1993年，联合国在《消除对妇女一切形式歧视公约》中提供了第一个有关暴力的官方定义，即："任何对妇女身体的、性的和心理的伤害，包括威胁、强制和剥夺自由的行为，无论发生在公共场所还是私人生活中，均属基于性别的暴力。"那些发生在私人生活中的对妇女身体、性和心理的伤害即为家庭暴力。之所以认为是"基于性别"的暴力，是因为这些对妇女身体的、性的、心理的和经济的虐待，是与妇女的从属地位相联系的。

在传统文化中，家庭暴力不被看作一个需要法律解决的问题。家庭暴力通常只被理解为野蛮殴打。而性攻击、婚内强奸、谩骂侮辱、经济封锁、限制人身自由、孤立等行为均不被看作典型的家庭暴力，因此，家庭暴力在日常生活中的发生率被人为地减少了。家庭暴力通常发生在私人场所，如果当事人不了解何为家庭暴力，或迫于生存压力和精神压力不愿意公开或有意隐瞒，家庭暴力将更不被人所知。

更令人叹息的是，明明在一个家庭中发生了暴力，人们的看法却不尽相同。譬如，有为数不少的人认为家庭暴力是个人隐私，与别人无关。其实，家庭暴力并非个人隐私，而是社会公害。因为它侵犯了妇女的人身权利、健康权利和个人发展的权利，强化了性别不平等的环境，损害了妇女的尊严，同时，也影响了青少年的身心健康。所以它必须被禁止。还有人认为，既然丈夫经常虐待妻子，那为什么受暴妻子不愿离开丈夫？看来她还是愿意留在丈夫身边，只要能过下去，就与别人无关。这种看法也是片面的。妻子不愿离开丈夫的原因是多方面的，比如没有独立的经济能力，长期处在被控制、虐待的状态下，缺乏独立面对社会的勇气，也有害怕施暴者报复，担心自己的生命安全等诸多因素。再譬如，有人认为家庭暴力多数发生在文化落后的农村地区，施暴者大都是没有文化的人。事实上，家庭暴力既发生在农村，也发生在城市。社会各阶层均有家庭暴力发生。很多国家的调查表明，受过良好教育的人也可能是家庭暴力的实施者。是否会发生家庭暴力，不仅取决于当事人的文化程度，还取施暴者的性格、观念等因素。

从系统论角度分析，任何一个事物都是一个系统，它的存在、发展、变化的原因也是其自身矛盾运动的结果。婚姻中的恶性犯罪案件的发生也是一个系统，孤立地认为某一原因造成了婚姻中的恶性犯罪案件，就有失偏颇。婚姻中恶性犯罪案件的发生是由夫妻生活中的矛盾构成的一个系统。

首先，经济——婚姻生活的隐含前提。"贫贱夫妻百事哀"，经济是上层建筑的基础，婚姻也离不开经济的支持。一方无生活来源需要照顾，往往成为一个家庭潜在的危机。例如，某案犯王某因嫌弃妻子李某长期瘫痪在床，又因对其将自家房屋抵押给他人不满，故意放火烧毁房屋并将李某杀死。

其次，虐待——婚姻生活的不和谐音调。婚姻中的小波澜是不可避免的。在夫妻生活中，完全消除矛盾是不可能的，也是不现实的。问题不在于消除矛盾，而在于减少矛盾，或防止矛盾激化。虐待是处理夫妻矛盾过程中的一种不恰当的手段，它严重损害了双方的感情，也伤害了双方的身心健康。虐待有时候容易激化矛盾，成为女性铤而走险、通过杀人解脱的原因。

再次，婚外情——婚姻的杀手。婚外情是指有配偶的人与配偶以外的第三者所建立的恋情关系或情人关系。婚外情，必然会伤害原配偶的感情，恶化夫妻关系，危及家庭生活，甚至使婚姻破裂，家庭解体。

按照学术界的观点，夫妻间的"冷战"、侮辱谩骂、破坏对方心爱的物品等行为属于精神暴力范畴，这种家庭暴力形式往往存在于知识分子家庭。精神暴力累积到一定程度，会使对方产生自卑、自责等情绪，最后导致一方的精神失常或自杀。所以精神暴力的杀伤力一点都不比身体暴力弱。但是，这样的案件在现实中却难以追究对方的刑事责任。

对策："围城"内暴力的结如何解？

在社会生活模式日趋自由和开放的今天，更多人讲求的是自己的隐私如何不被暴露，自己的家庭生活怎样不被干扰。但是在个人权利被充分彰显的今天，也使得社会整体控制力下降。对婚姻恶性犯罪来说，社会控制力降低导致了家庭暴力案件立案难、审理难，导致家庭暴力受害者的合法权利得不到及时维护，从而埋下了恶性犯罪案件的种子。

婚姻恶性犯罪案件本质上是社会运行过程中的一种病态表现。要消除这种现象，须动员社会各界力量，尽快完善法律法规，健全社区保障体系，确立当事人对法律的忠诚，提高婚姻当事人的素质，使社会处于一种良性运行状态，这是预防和消除婚姻暴力的主要途径。

作为家庭成员，首先要提高自身的文化修养，树立对法律的信任，选择法律保护自己的合法权益。这是从个人角度对此类案件发生的预防。妇女在家庭里要正确定位，在思想上要抵制男尊女卑的落后观念，树立自主意识。正确认识自己的优缺点，不把自己的命运完全寄托在另外一个人身上。

完善的法律规定，能使婚姻当事人感到法律比自己的私力报复更有价值，更合理。现行的法律法规对家庭暴力都有禁止性规定，但存在着原则性强、可操作性差等一些缺点。例如婚姻双方之间的轻微伤害与轻伤害案件以及虐待案件均有"告诉才处理"的规定，但婚姻恶性犯罪案件的受害人往往存在着"家丑不可外扬"的心态，或是有惧怕施暴者报复的顾虑，不愿张扬家事，为进一步的恶性案件的发生埋下了定时炸弹。很多国家制定了专门的"反家庭暴力法"，我国也可以借鉴一些国家的经验，在立法方面进行完善。

有了完善的法律，现实生活中我们需要的是履行法律的足够力量和手段。在我国，特别是在农村，"家庭暴力"在村民的眼中仍是"两口子打架的家务事"，不仅别人这么认为，就连受害者本人也有这种认识。这种"家务事"的认识导致的结果就是受害者处于"想要逃而无处逃"的困境。所以从受害者到执法者都要树立这样的观念：家庭暴力绝不是"家务事"，受害者要勇于揭露，敢于控诉；执法者要提供法律援助，能够让受害者有容身之处，真正为这些家庭暴力的受害者提供最需要的帮助。

一些反家庭暴力工作者倡议：应该建立起一个立体的"反家庭暴力网络"，就是让医疗、妇联、公安及心理康复机构共同参与进来，对施暴者进行强制性的心理治疗和咨询，从心理上让施暴者学会如何处理夫妻间的冲突，从而阻止他们的施暴行为。目前，在北京的石景山、丰台、延庆等地已经初步建立了"反家庭暴力网络"，一些存在问题的夫妻已经开始接受心理辅导。如果这样的机构能够在农村、城镇普遍建立起来，那么前述的家庭恶性暴力案件就不会再频频上演。

越来越多健康美满的家庭，将成为社会稳定、发展的基础，成为国家繁荣昌盛的根基。

那么，女性该如何面对家庭暴力呢？

如果你正处于家庭暴力环境中，就必须学会保护自己。资深检察官徐焕根据司法实践，总结了以下几点或许是女性受害者该掌握的应对措施。

第一，敢于对外界"述说"。要利用不同的机会尝试向外人，如亲戚朋友、同事等寻求帮助，讨论家庭暴力的问题，得到他们的支持。

第二，据理力争。可以要求社会救助机构或法律部门进行干预，只要处理得当，家庭暴力是可以被制止的。

第三，注意保护自己。遭受家庭暴力时，头脑一定要保持冷静，要注意保护自己，并尽可能大声呼救，请家人、邻居帮忙。日后，家人和邻居都可能成为重要的证人。

第四，及时进行伤情鉴定。遭受暴力伤害后，要尽可能到医院验伤或者到法医机构去做伤情鉴定，以确保自身的权益。

第五，保留好受伤的证据。遭受暴力侵害后，必须及时、全面地收集、保存各种证据。包括：身上的伤痕、带血的衣物、打掉的牙齿、揪掉的头发、撕破的衣服；施暴者的凶器，如刀、针、铁棍、木棒、石头等；其他书证，如验伤记录、警察询问笔录等。

第六，有离开家庭暴力环境的心理预期。如果经过所有努力，仍然难以摆脱家庭暴力的环境，就要做好躲避的准备。要备好一个随身包，尽可能把现金、身份证、房契、结婚证书、银行卡等重要文件放进去，一旦发生暴力的危险情况，可以随时携带离开，以求自保。

第七，了解法律知识。及时咨询有关法律或救助机构，以确定采用何种方式来制止家庭暴力。

8

灭门弑亲，
血案拷问良知

看着眼前的卷宗，承办本案的资深检察官徐焕感到了后背刺骨的寒冷。虎毒不食子、血浓于水、手心手背都是肉……这些关于一个人最基本的道德伦理的字眼，在这个案子面前竟然显得那么苍白无力！

为了能和姘妇过上舒舒服服的日子，北京市大兴区农民崔继国竟然想出了杀亲骗保的"高招"。为了能拿到亲人死后保险公司的巨额理赔费，他伙同姘妇等三人，残忍地杀害了自己的祖母、父亲、妻子和6岁的女儿，并纵火焚烧尸体，企图掩盖真相。

案件水落石出之后，再冷漠的人也不禁要戳着这个禽兽不如的恶棍问：骨肉亲情、四条人命！崔继国，你怎么就下得了手？！

出轨：偏偏喜欢上了打工妹

崔继国是北京市大兴区北臧村农民，被捕时刚过完27岁生日。在他很小的时候母亲就去世了，他是跟着奶奶长大的。因为不爱读书，崔继国初中毕业后就再也不想念书了，他早早地就走上社会打工挣钱了。知道儿子根本不是读书的料，父亲崔志新就想早早地张罗着给崔继国成个家，也能让他收收心，老老实实地过日子。崔继国的媳妇罗水荣是邻村的，两个人经人介绍认识。应该讲，两个人的感情一般，是属于那种纯粹为了结婚而结婚的婚配方式。没多久，崔继国的女儿就出生了。四世同堂，这本来是一件非常幸福的事情，但崔继国心里不是很痛快。老爷子虽然也没说什么，但是脸上的表情写着呢：生个儿子该多好！为此，崔继国和他老婆没少吵架。

更令崔继国烦心的是，多了一张嘴吃饭，自己在外面拼死拼活挣的那点钱根本就不够用。更何况他只有初中文化水平，找个挣钱多点的活简直是痴心妄想。特别是到了年底，家里人都盼着崔继国拿钱回去过年，这时要钱简直就是要命，崔继国好几次就差给雇主跪下了。本来就烦，老婆还一直絮叨，崔继国家里的战争就经常爆发了。有时候累累吧吧一天后，崔继国都不愿意回家里。他已经看够了老婆那张死人脸，还有老爷子那种嫌弃的神情。日子就这样一天一天过着，还不到30岁的崔继国有时候瞎想：人这么活着真没什么意思！

2002年5月，崔继国通过朋友介绍，在兴世通公司找了个司机的活，给公司开平头解放车拉货。挣钱虽然不多，但是最起码每个月底公司能结清一个月的工资，最重要的一点：能经常看见加油站的那个她！

崔继国心里的那个"溜溜的她"叫刘娜，家住北京大兴区采育镇北辛店村。崔继国认识她时，刘娜在大兴区黄村镇红远洋加油站当加油工。一次偶然的机会，崔继国加油时忘了带钱，眼见着那个姑娘前前后后地忙活，崔继国觉得不好意思开口。本来嘛，虽然是给公司的车加油，钱肯定不会不给，但崔继国总觉得有点像吃饭赊账似的，有些抹不开嘴。

刘娜加完油，乐呵呵地走到车窗前示意崔继国交钱拿票。崔继国不好意思地开了腔："姑娘，叫啥名呀？怎么以前没见过你呀？刚来的吧。"

"刘娜，我以前怎么也没见过你呀？"刘娜回答的挺干脆。

"我给一个公司开车，经常上你们这里加油。不信你问问那几个加油的，他们都认识我的。"崔继国赶紧解释，他想赶紧拉近距离好说没带钱的事。

刘娜微微一笑，她又朝崔继国伸了伸手。崔继国一看不得不说了，他刚要解释，没想到刘娜笑了："怎么？没带钱吧。早就注意你在车里跟个耗子似的乱翻一气了。我先给你垫上，你可别占了便宜不还钱。"

崔继国赶紧拍着胸脯保证："哪儿能呀！妹子谢谢你！这是我的手机号，我今天晚上就开车过来还钱给你！"

当晚崔继国下了班就来到了加油站，不光还了钱，还执意要请刘娜吃顿饭。刘娜见推托不过去，就边答应边跟崔继国开玩笑："崔哥，你下次来也别带钱，这样我还白赚一顿饭吃。"崔继国哈哈大笑，他觉得刘娜这个人挺爽快。

一顿饭就结识了一个人，崔继国觉得值！因为吃饭时，两个人聊得挺投缘，刘娜也是上完初中就不念了，早早出来打工挣钱。更何况还是个女孩子，其中的艰辛崔继国当然能够体会。

才20岁出头的刘娜，一口一个大哥，叫得崔继国心里美滋滋的。他向刘娜表示，日后加油肯定到刘娜的加油站来，妹子嘛，当哥的肯定要照顾照顾。不仅如此，他还向刘娜表示，要跟那些工友说说，让他们都来这个加油站加油。刘娜自然心存感激。

分手时，两个人竟然有些恋恋不舍。

崔继国说到做到，此后每次加油，他都到刘娜这里来。说实话，加油事小，见刘娜一面才是最重要的。崔继国有点喜欢上这个心细、爽快的妹子了。他觉得和刘娜在一起就算是只说一句话，心里也十分痛快。相反，话不投机半句多，崔继国和家里人的话却越来越少，尤其是和自己的老婆，他根本不想多说一句话。

刘娜对崔继国的印象也不错，崔继国人实在、热情，虽然挣钱不多，但自从那次吃晚饭后，崔继国每次来看她都不空手来。饮料、水果，花钱不多，但刘娜心里挺舒服，她觉得崔继国是真心关心自己，照顾自己的工作。自己也20岁了，哪个姑娘不想有个依靠啊？

交往了两个月后，崔继国觉得自己是真的喜欢上刘娜了。他觉得自己必须要表白了，虽然自己有老婆孩子，但那些对他来说就好像是一杯白开水，没什么滋味。刘娜就不同了，年轻、活泼、长得也挺招人喜欢。那次，崔继国请刘娜吃饭，倚仗着多喝了几杯酒，崔继国红着脸说出了自己的想法。刘娜虽然表面上看起来挺吃惊，但是她的心里美滋滋的，她只是问崔继国以前有没有相好的。崔继国一口否认，他觉得不能告诉刘娜自己已经结婚的事情，这会坏了自己的好事。

见刘娜默许了，崔继国更高兴了，那天晚上酒喝得相当痛快。刘娜见崔继国喝得有点多了，就不让崔继国回单位了。两个人互相搀扶着走在霓虹灯下说笑着，整个北京城仿佛都在对着他们微笑。

崔继国知道，今晚将是一个不眠之夜。

在刘娜租住的小房子里，男女之事就在半醉半醒间发生了……

变心：同居、怀孕、下岗，狼子野心蠢蠢欲动

激情过后，就是现实。

为了能经常见面，2003年9月初，崔继国在黄村三合庄租了一间平房——两个人同居了。同居的日子是快乐的，但是崔继国总在担心，毕竟自己是有家有口的人了。虽然和老婆没有什么感情，但是纸肯定包不住火。万一哪天这件事败露了，自己怎么向刘娜交代？她会有什么样的反应？崔继国不愿想，也不敢想，他只能尽量小心翼翼地维持着平衡。

2003年9月17日，刘娜觉得身体有些不适，去医院一检查：怀孕了！

说不上应该欢喜还是应该忧愁，那天刘娜早早下了班。躺在床上，她静静地想着该怎样和崔继国说，毕竟两个人还没有结婚呀！门外响起了熟悉的脚步声，刘娜赶紧悄悄地躲在门后，她想给崔继国一个惊喜。忽然，崔继国打电话的声音传了过来："爸爸今天晚上加班，你跟你妈说一声，我不回去了！等爸爸回家一定给你买好东西吃。"

爸爸？难道崔继国已经是爸爸了？那么说他早就结婚了？刘娜的反应有些迟钝，但是瞬间她就觉得如五雷轰顶一般。

当崔继国低着头站在她面前时，她才如梦初醒。

"娜娜，我……"

"骗子，骗子！"没等崔继国开口，刘娜像疯了一样，拳头像雨点一样落在崔继国身上。崔继国没动，他觉得自己该打。抱着瘫倒在自己怀里的刘娜，崔继国不知道该怎么说，他觉得对不起刘娜。

"娜娜，你听我说……"崔继国极力想解释些什么。

"我怀孕了。"刘娜眼睛怔怔地看着前面，似乎根本没有在意崔继国说什么。

"你说什么？"崔继国猛地吃了一惊。

"我怀孕了，你有老婆孩子却一直瞒着我。我怎么办？我怎么办？"刘娜跌坐在沙发上，眼泪止不住地往下流。

本来高高兴兴准备的一桌子饭菜，现在两个人都没心思吃了。

女人还是比较务实的。刘娜见崔继国一个劲儿猛抽烟，想起以前他对自己无微不至的关心，她又有些心动。这个世界上，花心的男人不少，不过看崔继国对待自己百依百顺的样子，难道他有什么难言之隐？

"继国，你告诉我，你还要我吗？"刘娜坐在崔继国面前问。

"要！我这辈子就要定你了！"崔继国回答得相当干脆。

"那你和你老婆的事情怎么办？"

"她？我们俩也就那么回事。如果没有孩子，我们早就离婚了。我对她根本没有什么感情。她就知道唠叨，发脾气。我一眼都不想看她。"崔继国看起来没有撒谎。

"那我怎么办？我肚子里的孩子怎么办？你能给我一个完整的家吗？一个光明正大的家吗？"刘娜的眼泪又下来了。

一句话说得崔继国的眼泪也流下来了。"娜娜，这个孩子先做掉吧。我们现在经济状况不行。你放心，谁也不能阻止我和你在一起。如果家里人敢反对，我一个一个把他们全宰了。"

虽然知道崔继国说的是气话，但是刘娜心里却挺温暖。从崔继国的一脸严肃可以看出，他对自己是真心的。

那一夜，崔继国紧紧地搂着刘娜，刘娜觉得自己还是没有看错人，这是一个可以托付终生的男人，为了他自己愿意承受这些痛苦。

送刘娜去医院的路上，崔继国斩钉截铁："娜娜，这次难为你了。你放心，我说过的话是算数的。"

刘娜躺在冰冷的手术床上，在撕心裂肺的痛苦中想象着自己和崔继国的未来。

未来是遥不可及的，但现实是残酷的。2004年8月底，崔继国失业了。

密谋：用家人的命换钱

崔继国急三火四地四处托朋友帮忙联系工作，刘娜没有嫌弃崔继国，相反她还安慰他别着急。

2004年9月份的一天，刘娜拿着一张单子兴冲冲地回了住处。她们单位要给员工上养老保险，刘娜回来想问问崔继国的意见。崔继国根本不关心什么保险的事情，他觉得那跟骗钱没有什么区别。刘娜告诉他，保险很有用。如果上了人身意外保险，花几十块钱，就有可能得到保险公司几十万元的赔偿。

崔继国不屑地说："你给公司交上几十块钱，等你受伤后公司还给你几十万？你没听错吧？除非这个公司有病，想早点破产！"

刘娜嘲笑着说:"你才有病呢?你也不想想有多少人交?每个交钱的人都能受伤?如果你交了,万一哪天你被车撞了,我还能得到几十万呢?呸呸呸,我这张乌鸦嘴。"

说者无意,听者有心。崔继国的心里猛地一动,"那你给我上一张,等哪天我死了,你也能过得好一点。"他一本正经地说。

刘娜走过来,用手摸摸崔继国的脑门:"没发烧呀!怎么净说胡话?你不是要和我过一辈子吗?我怎么能舍得你死。要死,我先死。"刘娜开着玩笑。

"不,咱们俩谁都不能死。要死让我那个该死的老婆死,她死了我还能得到好处。"刘娜只当崔继国在开玩笑,没理会他。但她哪里知道,崔继国的这番话竟然是真的,崔继国仿佛突然看到了一座金山,他心里窃喜不已。

出乎刘娜意料的是,从那天两个人闲聊后,崔继国像着了魔似的跟保险较上了劲。崔继国知道,改变自己命运的机遇来了,如果成功自己就不用再找工作了。

崔继国有个初中同学在一家人寿保险公司大兴分公司做业务员,为给家里人买保险的事情,崔继国几次找他询问。了解得差不多了,崔继国觉得这么大的事情必须跟刘娜商量,他也知道刘娜的第一反应肯定是反对。

不出崔继国所料,刘娜一听就急眼了,她知道崔继国说的是什么意思。等刘娜像机关枪似地抱怨完了,崔继国冷冷地问了句:"我没有工作,你挣钱不多,咱们俩拿什么过日子?不这样咱俩什么时候能挣到大钱?"

刘娜哑口无言。但是理性告诉她,这样做的后果很可能是坐牢。

崔继国一见刘娜有所动摇,就安慰她说:"如果这件事仔细筹划,肯定是神不知鬼不觉。"

虽然刘娜还是没有点头,但架不住崔继国公关似地天天灌输。想到如果成功,两个人可能一辈子吃喝不愁,刘娜终于点头了。但是,她也觉得这件事应该仔细筹划,急不得。

2004年10月中旬,崔继国到那个初中同学那里,一口气买了9份保险单。那个初中同学挺奇怪,因为崔继国家里总共就5口人。崔继国说,给自己、妻子、父亲每个人各买3份。这样每个人的最低保额是30万元,最高保额是60万元。那个同学还开玩笑,说崔继国挺在意家里人。他哪里知道,崔继国心里可是门儿清:多上几份保险就能多挣几十万呢!

保险上了，钱花了，可什么时候才能拿到那几十万呢？这可是这步棋的关键，也是最头疼的事情了。

崔继国经常和刘娜研究，怎样才能让家里人出意外呢？一开始，崔继国还只想让老婆罗水荣出点事，后来一想，万一让家里人知道，自己还是脱不了干系。后来他索性也不管那么多了，有一个算一个吧。

方法呢？既能把人做了，又能天衣无缝。

崔继国曾经收到过卖迷魂药的短信，他想给家里人下迷魂药，等他们昏过去之后，在身上扎几刀，等血流干了，制造一个抢劫的假象。不过，万一女儿吃了咋办？万一迷魂药不起作用咋办？

后来崔继国又跟刘娜商量给家里人下老鼠药。但是人中毒后身体会有反应，万一公安局验尸就会检验出来，这更容易暴露。

崔继国想钱都想疯了，有一次他趁在家里做饭的时候，往饭里下过安定片。崔继国想等家人睡着了再把他们勒死，但是放了安定片之后，家人尝出了苦味，所以还是没有干成。

眼见年底到了，崔继国百爪挠心，他急得都失眠了。有一天，他甚至还专门看了一些警匪片，想从中"学习学习"经验。但电影毕竟是电影，人家用的许多招他根本就用不上。

后来崔继国跟刘娜商量，干脆一不做二不休，找机会把人勒死算了，正好刘娜在加油站能搞到不少油，勒死人之后就可以放火烧尸体。这样一来，人们就会以为是家里发生火灾，尸体烧焦后也就无法辨认了。

崔继国恨不得马上就干，但是理智告诉他，就他和刘娜两个人根本干不了这件事，还要再找个帮手。刘娜马上想到一个人——巴洪远，自己工友的男朋友。除了比较熟悉之外，巴洪远也失业好长一段时间了。

但是这个巴洪远可是个老鼠胆子，有几次崔继国请他吃饭时试探着说了说，巴洪远的头摇得像个拨浪鼓似的。

2004年12月23日中午，崔继国和刘娜邀巴洪远到家里吃饭。吃完饭，崔继国朝刘娜使了个眼色，趁刘娜去厨房洗碗，崔继国给巴洪远递了一支烟说："小巴，咱哥儿俩交情怎么样？"

"没得说，没得说。崔哥对我不薄，我心里知道。"

崔继国见缝插针："以前跟你说的事你考虑得怎么样了？"

"崔哥，那可是犯法的。再说，那可都是你家里人，我怎么能那样干？"巴洪远又打起了退堂鼓。

崔继国的语气缓和了下来："小巴，不瞒你说，我跟我家里人的感情很淡。你现在也没活干，快过年了，上哪儿弄钱去？这事儿如果成了，就是几十万呐。现在这个世道，你上哪儿挣钱去？一辈子也挣不了这么多。"

巴洪远没说什么，低着头狠狠地抽了几口烟。

崔继国见有门儿，就接着做巴洪远的思想工作："小巴，你放心，我和刘娜的关系你又不是不知道。我俩已经筹划好了，你就是打个下手。"

"可是……"巴洪远还不放心。

"没有什么可是，完事后，用汽油一把火烧个干净。谁能看得出来？"

刘娜在厨房听得真真的，她也感觉巴洪远动心了，赶紧走进来加把火。

"小巴，我知道你怕你媳妇。肯定是你媳妇不让你干的。但是，别说你俩还没有结婚，就是结婚了，你拿什么养家？这事如果成了，我和你崔哥都亏待不了你。有了钱，你崔哥准备弄个养殖场，再给你配辆车，你俩干个正经生意，多好！男子汉大丈夫，别婆婆妈妈的，行不行给个痛快话！"

这激将法还真起了作用，巴洪远把烟头死死地摁在了桌子上。

崔继国一拍大腿，"好！说干就干！咱们今天准备准备，明天晚上就动手。"

刘娜又补充了一句，"完事后，用汽油烧吧，汽油没有味道。"崔继国拍拍刘娜的肩膀，很是赞同。

罪恶滔天的计划马上就付诸实施了！

当天晚上8点左右，崔继国就用自己的手机打了一个电话，骗一个朋友说晚上出去玩儿，借他的车用用，第二天凌晨三四点钟还车。

歹毒：连亲生女儿都不放过

2004年12月24日凌晨，崔继国开着车，从大兴黄村镇三合庄出来，车上还有刘娜特意准备的两副洗衣用的紫色橡胶手套，一副白色线手套。四周静悄悄的，三个人低声商议着怎样行动。崔继国说先看看情况，可能的话就先把他老婆叫出来，找机会下手。没有机会则回家见机行事。刘娜心细，问崔继国孩子怎么办。崔继国沉吟了一会儿，他说如果孩子没有跟他老婆睡就留下来，如果就一起睡就弄掉算了，反正留着往后也是个麻烦。巴洪远没有吱声，他的心里还在打鼓。

凌晨1时左右，崔继国把车停在北臧村里十字路口东边一点，他先回家探探虚实。回家后，崔继国骗罗水荣说车坏了，让她帮着推车。崔继国是想把她引出来，在半道上下手。罗水荣来了后，刘娜和巴洪远还假装跟她打了打招呼。为了能有机会下手，崔继国朝刘娜使了个眼色，便假装下车弄了弄车的电瓶，他让罗水荣在车后面推车。但让崔继国恼怒的是，刘娜毕竟是个女人，胆小，她担心在大街上万一被谁看见了就坏了，所以没敢下手。

崔继国见一计不成就干脆使上了连环计。

凌晨2点左右，崔继国把车停在门口，他对罗水荣说今晚大家都住在家里。刘娜和罗水荣住最西边那间，崔继国和巴洪远睡在中间屋子。崔继国告诉巴洪远，既然上了船，就什么也不用怕了。等事情顺利干完了，钱马上就能到手了。

所以，躺下半个小时后，崔继国就找借口说中间屋里冷，搬到了西屋。崔继国靠着罗水荣，半个小时后，罗水荣发出了鼾声。崔继国趁黑把刘娜的围脖悄悄绕在罗水荣的脖子上。又碰了一下刘娜的手。刘娜知道，崔继国要下手了，刘娜咬了咬牙，她使劲攥紧了自己这一头。两个人一使劲，罗水荣从梦中惊醒，用力挣扎。巴洪远根本就没有睡，他听见崔继国和刘娜动上了手，索性也顾不得那么多了，一个饿虎扑食，扑到罗水荣的身上使劲压住她不让她动。

可怜的罗水荣，哼哼了两声后就不动了。

三个人松手后，都呼哧呼哧直喘粗气。巴洪远不放心，开灯后还用手试了试："没气了。"

杀一个是死，杀两个也得枪毙，崔继国又朝他奶奶住的屋指了指。

这次是刘娜打前阵，她假装到屋里喝水。老人听见动静醒了，误把刘娜当成罗水荣了："是不是又和继国吵架了？"

刘娜顺势搭腔说："没有，您睡您的吧。"她顺势蹲在了床头。

"你回去睡觉吧，在这蹲着干吗？"

刘娜说："奶奶你冷不冷？"她顺势用右手一把捂住了老人的嘴和鼻子，这时崔继国和巴洪远进来了……

计划按部就班地执行着，接下来就是崔继国的父亲。就在三个人手忙脚乱地下手时，崔继国的女儿醒了。可怜的孩子不知道爸爸和这两个人在干什么，吓哭了。刚哭了一声，崔继国吓得一把抱住了她，用手使劲捂住了孩子的嘴和鼻子。

眼见巴洪远还没有搞定老爷子，崔继国示意让刘娜来捂，他过去帮忙。

毕竟是女人，刘娜不忍心，就让巴洪远来捂。没过多久，孩子就不动了。

屋子里一下子死一样地寂静。为了掩人耳目，崔继国制造了家里失火的假象，这样能转移警察的注意力。

崔继国甚至还嘱咐巴洪远，一定要把罗水荣的尸体摆成上半身在炕上，下半身在炕下。这样，在外人看来就觉得罗水荣是为了救老人孩子才被火烧死的。

也许是做贼心虚，点燃汽油的时候，崔继国的脸上也被烧了一个大泡。看着火熊熊燃烧起来了，崔继国赶紧开着车，三个人到了永定河河堤上，把作案用的东西全都烧了。

报应：难掩滔天罪行，歹毒男女双双获死刑

机关算尽太"聪明"，反误了卿卿性命。

这三个禽兽不如的家伙，自以为做得天衣无缝，没想到当天中午就落入法网。

在采访时，我感到不可理解的是，到底是什么原因促使崔继国下了如此狠手。崔继国后来供述，他和家里人没有什么大的矛盾，和妻子罗水荣也没有血海深仇。那么到底是什么原因使得他像"打猎"一样，计划周密地对自己的亲人下了黑手？能仅仅用"愚昧无知"或者"鬼迷心窍"来解释吗？

徐焕检察官分析认为，为了姘妇，为了将来他俩能过得好一点，这只是表面的原因。在这些表面的行为背后，体现了相当一部分人的心理状态——趋利，它就像无底的"黑洞"，将人紧紧吸了进去。崔继国、刘娜、巴洪远都处于社会底层，可以说他们的内心对金钱的渴望更为强烈。因为他们在日常生活中受到的更多的是歧视和侮辱，没有地位，工资经常被拖欠……这种低人一等的事实很难改变。

金钱，只有金钱才是改变命运唯一的手段。所以，崔继国在考虑杀人骗保时是那样从容不迫；刘娜在下手杀人时是那样干净利索；巴洪远由害怕到伸手是那样敏捷。三个人的精神裂变在唯利是图面前就显得那么自然而然了。

崔继国和刘娜这对野鸳鸯，也不想想，即使钱到手了，他们的小日子就能过得开心？就不会受到良心的谴责？或许他们根本不会去想，因为"有钱就有一切"的"黄金定律"已经将这种人的道德、亲情、责任、义务碾压得粉碎。

面对这样的惨剧，我们是不是更应该反思一些更深的东西？

悲剧恋情
引发的杀子案

2002年11月8日，北京市人民检察院第一分院以故意杀人罪对赵晓娜提起公诉。时年23岁的赵晓娜与男友同居两年，身怀六甲时男友不辞而别，赵晓娜一气之下残忍地将男友张大泽的儿子杀死，无辜被杀的孩子年仅12岁。张大泽的前妻梁静来到检察院请求检察官为她主持公道、伸张正义时，撕心裂肺的哭诉让在座的每一位检察官心如刀绞。这是怎样一个心酸故事啊……

赵晓娜口口声声说自己喜欢孩子，却为何杀死一个无辜的孩子？失去理智的她，在看守所里终于能够冷静思考自己的行为，来反省自己是如何走上这一迷途的……

赵晓娜进看守所后将肚里的孩子做了引产。她见到笔者后一句话也不说，只是不停地哭。当问她有什么话想托我们转告时，她抬起了头，说了三句话："告诉小辉的母亲我对不起她，我知道她无法原谅我，但我真的不知道自己是怎么搞的，我其实也很喜欢孩子；告诉那些曾经和我一样恋爱着的单纯的姑娘，爱一个人一定要看清楚了，不要轻率地失去自己；最后，如果你们能见到张大泽，告诉他我恨他，我什么也不想了，就想问他一句'为什么要走'？"

赵晓娜，23岁，高中文化程度。因涉嫌故意杀人罪，被北京市第一中级人民法院以故意杀人罪一审判处无期徒刑。

轻信:"这个男人曾许诺给我一个幸福的将来"

赵晓娜是这样回忆她和张大泽的过往的。

1997年夏天,高考失利后,18岁的我和许许多多普通的打工者一样,怀揣着对大都市的向往和对未来的梦想来到北京。在北京这个陌生的大都市里,初来乍到的我暂住北京的远房亲戚家。努力学习了一段时间的电脑知识后,我成了寻呼台的一名录入员,总算是在北京站稳了脚跟。

美中不足的是寻呼台的上班制度,一天24小时的轮班制,经常是别人已经下班了自己却刚刚开始工作。三班倒的工作使原本性格内向的我,更失去了和朋友在一起畅谈的机会,闲来无事时我常常感到郁闷、压抑。

2000年7月的一天,在同乡的多次邀请下,我请了一天的假,到朋友上班的一家歌厅去玩儿。也就在这一天,我遇见了张大泽。正是这个生命中最不应该认识的男人,给了我爱、给了我恨,也给了我无尽的悔。

张大泽谈吐幽默,对女人体贴照顾、善解人意,让久居异乡的我感受到了大都市男人的温情。张大泽也挺喜欢我,他觉得我单纯、善良,对他除了在生活上极尽温柔之外,别的方面一概不问,是个朴实的好姑娘。因此我们两人非常投缘,感情迅速升温,不久就租房同居了。

随着交往的深入,我了解到38岁的张大泽曾经有过一次婚姻,1994年离了婚,有一个10岁的男孩跟着孩子母亲过。张大泽没说为什么离婚,我也不想问。对张大泽的工作,只听他说过他原是市公安局的,后来调到安全局了,现在负责局里的"三产",搞警用器械销售。对这些我不是很在意,我觉得感情应该是非常纯洁的,如果掺杂了这些利益、物质方面的需求,会玷污纯洁的感情。

就这样我每月用自己的工资贴补家用,其他方面的花销由张大泽出,虽然还没有结婚,但我们两个人恩恩爱爱的,却也像小夫妻一样过着平淡的日子。这期间张大泽很少回家看望母亲,和亲戚朋友之间的走动也很少,大部分时间都陪着我。我感到很幸运,自己是个外地人,人家不光不嫌弃,还对自己这么好,所以每天心里都跟灌了蜜似的。

那年春节,我带着张大泽回了趟河南老家,家里的父母、亲戚对张大泽这个大城市来的准女婿满意极了,把他照顾得十分周到,催着我们回京后赶紧把事办了。就在元月,我怀孕了。

背弃：我没有离开他，他却离开了我

知道自己怀孕时，我高兴极了，赶紧把这一消息告诉了张大泽。可当时张大泽并没有像我一样的兴奋，相反，他显得闷闷不乐的。他说，我们两人经济不是很宽裕，要孩子会加重生活的压力。可我说自己喜欢孩子，坚持要生下来。看我这么坚持，张大泽也没有再说什么。趁此机会我又向张大泽提起了结婚一事。

其实在同居不久后，我们也曾多次聊过结婚的事。但张大泽的离婚证丢了，没有离婚证就没法办结婚手续，张大泽一直说要去补办，又总是拖着没办。我曾经跟张大泽一起去过民政部门，亲眼在民政部门的登记中看到过张大泽的离婚记录。所以我一直认为结婚不是问题，因此也从未因为这事和张大泽闹过。这一次也一样，尽管已经怀孕，可我仍然相信结婚只是早晚的事。

随后的日子里，我快乐得以为自己是世界上最幸福的人，张大泽对我的照顾也更加无微不至。只是结婚的事已经有点迫在眉睫，这让我在幸福之余隐隐感到一丝不安。

转眼就到了2001年4月，张大泽的离婚证还没补办下来。我开始有些烦躁了，肚里的孩子一天天大了，自己做事也变得笨拙了，这再不结婚可怎么是好呀。我心情不好，脾气也大，每次提起这事，我就冲着张大泽嚷嚷，又喊又叫一反往日的温柔。

5月初，为结婚的事我们又吵了一次。我越来越感到张大泽总拖着不办，是因为他根本就不想和我结婚。我越想越伤心，大发脾气，哭着喊着要去把孩子做掉。张大泽在一边赔了笑脸又道歉，可我却什么也听不进去。我说："如果你不想和我结婚，可以告诉我，我不会缠着你的。如果你不想要这个孩子，也可以不要，可你应该告诉我！"

又过了一个月，他还是拖着不愿意结婚，我就说："如果你不愿意跟我结婚，我可以走，我不会缠着你。"当时我已收拾好衣服，准备回老家生下这个孩子，他却在我面前哭了，他说："我已经有过一次婚姻了，我非常珍惜和你一起的日子，怎么会不想和你结婚呢？"看着一个大男人的眼泪，我又一次相信了他，一心软就没有走。

我真的没有想过，我没有离开他，他反而会离开我。接下来发生的一切完全出乎我的想象。这是我至今仍然没搞明白的事：张大泽失踪了。

报复：爱得如此轻率，恨得如此糊涂

6月18日晚，张大泽回家后对我说第二天要去山东出差，给那边送器械，估计要去一两天。临睡前张大泽还不忘叮嘱我去把工作辞了，说大着个肚子天天上班太辛苦，等孩子生出来后再找工作。我温情脉脉地看着张大泽，心里十分感激他的体贴。

张大泽走后我把工作辞了在家闲着。左右邻居都夸我好福气，说我一个外地人找到北京男人不说，这男人对我还这么好，现在怀孕了连班也不让我上，真是天下的好事都被我占尽了。我听着也觉得美滋滋的，感觉自己还真是个幸运的人。

6月20日，张大泽来电话说车在路上坏了，一两天之内恐怕回不来。又过了一天，我呼张大泽，张大泽回电话说还没修好。再过了一天，我呼张大泽，没有电话回来。接下来，每一天的每一天，无论是传呼还是打他的手机，都没有任何回音。

我感到非常不对劲儿了，憋在家里跟疯了似的着急。我开始胡思乱想，认为一定是张大泽出事了：车翻沟里了？被人抢了？想来想去也没有结果。我没有任何办法，什么也不想做，什么也不想吃，每天就是出去找张大泽。可这时候我才发现原来自己对张大泽的了解是那么少，除了他这个人之外其他的什么都不知道。记得张大泽说过他是在北京的警察博物馆附近卖警用器械，我就一家一家挨个儿去问，可是人家都告诉我没有这个人。对张大泽有些什么朋友、常去什么地方我也是一概不知。

我绝望极了。我将自己和张大泽相处两年来的生活细节慢慢想了一遍，隐约觉得张大泽骗了我。可他为什么要骗我？自己并没有对他纠缠不放呀？他如果坚持不要孩子我也可以不要，他如果不想结婚我也没说一定要结呀？我不是那样的人，这一点张大泽应该知道。他想怎样做，他可以说出来，为什么一定要选择这样的方式处理我们的问题？想着想着，我又摇摇头。不会不会，张大泽也不是那种不负责任的人，他对我的好，自怀孕后并没有减少丝毫，还有他的眼泪，难道也会是假的？

在焦急、等待、猜想、绝望中，我熬过了一个月，这时我已有六个月的身孕了。自辞职后，生活没有了来源，家里剩下的钱也不多了，可张大泽还是没有踪影。我想过回河南老家农村，可是在农村的家人怎么能够接受一个没有结婚的姑娘大着肚子回来？我想过要去把孩子做掉，可是六个月的身孕做引产是要家属签字的。

我没辙了。我记得张大泽的身份证上写的是他母亲的住址，我想如果张大泽出什么事了，一定会有人来核对身份证或是通知身份证住址上的家属，这或许是个办法。

过去张大泽曾带我去过他母亲家。也曾听张大泽说过，和前妻离婚后，孩子小辉判给了前妻梁静。因为张大泽长年在外，很少回家。家中瘫痪的老母亲想念儿媳和孙子，加上小辉上学是在张大泽母亲家附近，于是张大泽的妻子梁静就带着小辉搬回去和张大泽的母亲一起住了。

我想张大泽的前妻或许知道张大泽的下落，就试着往张大泽母亲家打电话，每一次都是家里的保姆接，说张大泽很久没有回家了。我不信，又想办法把保姆给约出来，给了她50元钱和自己的电话，让保姆一见到张大泽回家就给我打电话。

7月8日晚，我不由自主地又来到张大泽母亲家，这一次我鼓足了勇气敲门，想来个突然袭击，看张大泽是否在家。夜已经深了，开门的是梁静。我问："我找张大泽，张大泽在家吗？"黑夜中梁静一听是个女的找张大泽，气不打一处来，没好气地说道："这不是张大泽的家，你以后别上这来找他。"刚说完，梁静又想起听保姆说，这几天总有个女的往家打电话找张大泽，于是又加了一句："你以后别来了，再来我就叫警察，再说，就是打你也不犯法。"说完"嘭"地关上了门。已经有些失去理智的我怎么听怎么觉得这些话不顺耳，心想凭什么打我就不犯法了，我又不是第三者。糊里糊涂地回到家，我又是一夜没睡。

7月19日，我又魂不守舍地来到张大泽母亲家附近。我突然想到一个主意——绑架张大泽的儿子，逼张大泽出来。我想，张大泽如果知道孩子没了还不赶快出现呀。于是我又给张大泽母亲家打电话，连打了两次还是保姆接的，我没出声，把电话放了。隔了一会儿又打，这次居然是小辉接的，我对小辉说："你想见你爸爸吗？我可以带你去。"就这么一句话，小辉二话没说就和我约了见面地点，然后就出了家门。

见面后，我打车将小辉带到了我和张大泽租住的小屋，为稳住小辉，我拿出和张大泽的结婚照给小辉看。12岁的小辉虽然不太懂大人的事，可在他幼小的心灵里对妈妈的感情还是最深的，爸爸离开妈妈，小辉从心里也是怪爸爸的，现在再看到爸爸和别的女人的亲密合影。小辉脱口就冲着我"呸"了一声，推了我一把，骂道，"不要脸！"

这句话把压抑已久的我激怒了，一个月以来，我绝望、愤怒。我想，凭什么张大泽就可以骗我？凭什么张大泽的前妻说打我就是可以的？现在连小辉也骂我不要脸？梁静的那番无意的话，我一直认为是对我的羞辱，所有的一切在这一刻全都爆发了。我丧心病狂地顺手抄起桌上的刀，疯狂地砍向小辉……

四十多刀啊，一个12岁的孩子啊……

作案后，赵晓娜处理了尸体，来到远房亲戚家。她心灰意冷地对亲戚说自己杀了人，亲戚一边劝她自首，一边让家里人去报案。不久，警察赶到了。

笔者问道："在公安局的第一晚你是怎么度过的，想得最多的是什么？"

赵晓娜说："那一晚，我想得最多的就是张大泽，为什么事情都这样了还是想着他。后来我就挺后悔的，觉得挺不值的。我对不起孩子，对不起孩子的母亲……"

可悲：拿什么安抚你滴血的心

案发当天，北京下了这个夏天最大的一场雨。当梁静得知孩子的事后立刻昏倒过去了，小辉的老师也闻讯赶来，悲痛地抱着梁静号啕大哭。谁会相信昨天还好端端的一个孩子，就这样永远离开了人间。

自从离婚后，当时还只有3岁的小辉就一直跟着梁静。这么多年来梁静省吃俭用、含辛茹苦地抚育孩子。为了孩子她什么苦都吃过，什么罪都受过。好不容易把孩子拉扯大，各方面条件也都好起来了，孩子却没了，这让她怎能接受？！

小辉的老师也始终不能接受这样的事实。这是一个多么优秀的学生啊！聪明、活泼开朗、做事沉稳有主见。

案发后梁静成天以泪洗面，小辉的姥姥、姥爷还不知道这事，当着老人的面她还要强迫自己将眼泪藏起来。梁静觉得自己快被憋疯了，她不敢去想，可又怎能不想。一夜夜一次次让噩梦惊醒，她不敢看小辉的照片，不敢看小辉走之前没有喝完的可乐。

我国刑法规定：……审判的时候怀孕的妇女不适用死刑。这就是说赵晓娜即便被法院判决，最高刑也只能是无期徒刑。而张大泽的行为只能是受到道德上的谴责，法律无法追究其刑事责任。梁静始终无法明白为什么她的儿子无辜地死去，残忍的凶手却可以不偿命。为什么要让无辜的她来承受这巨大的悲痛，而不负责任的男人却只受良心的谴责。

在小辉被害后第三天，梁静的大嫂很偶然地在北京某小区碰到了张大泽。张大泽其实根本就没有离开北京，他只是在丰台的某小区内又租了一套房。他说他这么做的原因是想出来清净几天，把离婚证赶紧补办好然后和赵晓娜结婚。

最终，北京市第一中院中级人民法院判处赵晓娜无期徒刑，剥夺政治权利终身。

从犯罪心理学来说，本案是一种典型的情绪化犯罪，也就是说，这完全是在一种强烈的感情支配下导致的犯罪。犯罪嫌疑人赵晓娜，从一开始就打算跟张大泽结婚，并且怀有身孕，后来怀疑张大泽把她抛弃了，她在感情上受到很大挫折：一是有种被欺骗的感觉；二是她不知道该如何处理即将出生的孩子，对将来的生活十分焦虑。她面临巨大的压力，感到十分绝望，再加上一个突发的因素——被害人推了她一把，说了那些很伤她感情的话，这一下子极大地刺激了她。在这种情况下，她精神崩溃，完全失去了理智。

主办此案的检察官认为，情绪化犯罪，在一般情况下属于当事人对问题想得不够透彻。因此，在解决矛盾时，应当冷静下来，想想自己、想想家人、想想对方、想想对方的家庭、想想过去，再想想将来，把方方面面的因素都考虑到了，也许就可能避免类似悲剧的发生。

10

末路情仇，打工妹上演"相煎"活剧

在审讯室里，疲惫不堪的赵秀敏开始讲述她短暂人生中那段苦不堪言的经历："我是1997年春节过后，从河南老家来北京打工的，一来就在张亚东的张记火锅店里，后来……"

透过侧面的调查和赵秀敏凄婉的叙述，我们仿佛看到了那个农家妹子是如何在北京演绎自己的末路情仇的。

赵秀敏，1979年11月9日生人，初中文化程度。因涉嫌故意杀人罪，被北京市第一中级人民法院以故意杀人罪一审判处死刑。

2002年8月2日，"110"接到报警：北京市顺义区空港开发区吉祥庄村东路发生命案！当干警们火速赶到现场时，看到了几乎令人呕吐的场面：一具女尸横在井边，由于长期的浸泡，躯体早已腐烂，散发出阵阵恶臭。死者头部严重变形，眼睛、鼻子和嘴巴扭到一块，模糊难辨，狰狞的面目让人不寒而栗！经法医验证，死者是被硬物多次击打头部而亡，而后被凶手推入污水井中。根据法医的判断，死者系一18岁左右的年轻女子。

是谁对一柔弱女子下此毒手？

警方经过排查等一系列工作，认定死者是与住在附近的张亚东姘居的17岁女子吴红蕾。张亚东是东城张记火锅店的老板，也是最后一个见到吴红蕾的人，可是侦查排除了张亚东作案的可能，而他包的"二奶"赵秀敏却有重大嫌疑。当赵秀敏在干警面前认罪时，谁也没有想到：这个残忍的凶手，竟然是个20岁出头，清秀、瘦弱的姑娘！

轻率：小老板无事献殷勤，打工妹有意托终身

一段时间，北京遍地开起了饭馆。在激烈的竞争中，张记火锅店越来越火了，食客们纷纷嚷着：

"走啊，去吉祥路那边的'张记'吧，那儿的羊肉嫩，料也好！"

"嘿嘿，你是看上那个新来的小妞儿了吧！"

不错，张记火锅店的生意一向不错，自从赵秀敏来了以后更是如此。

赵秀敏聪明伶俐，手脚勤快麻利，嘴甜，说话办事又稳当，人长得也标致水灵。她来了不到半年，竟成了张记火锅店的另一块金字招牌。

火锅店天天爆满，赵秀敏每天都勤勤恳恳地忙碌着直到深夜。一天晚上，当她送走最后一位客人后，张记火锅店的老板张亚东把她叫到店内的雅间，笑嘻嘻地说道："小敏啊，你做工这么卖力，我是不会亏待你的！"然后掏出一个红色的信封，递给她说："拿着，这是你的奖金，五百块，你数数。"

赵秀敏先是一愣，忙感激不迭道："张经理，您好心收留我在这干活，还要给我这么多奖金，这怎么好意思？"

"呵呵……"张亚东笑了，笑得随和可亲，"小敏啊，我就喜欢你这实诚性子！现在店里生意这么好，里里外外的全靠你打点，真是辛苦你了！这钱你收下，不然我心里过意不去。"张亚东一边说着，一边把红信封塞到赵秀敏手中。

赵秀敏笑答道："张经理，看您说的，啥辛苦不辛苦的，那都是应该的。像您这么好的经理也不多，咱们这不是情赶情，义赶义嘛！"

"行，说得好！小敏啊，我看你也是实诚人，就别张经理长张经理短的，叫我张哥好了，咱图的就是这个缘分！你出门在外的也没个亲人照应，有啥事别客气，尽管对我说。"

"那敢情好啊！"赵秀敏听了心里热乎乎的，"有张哥您照应着，我就把这儿当家了！"

一场谈话下来，张亚东觉得眼前这个乡下来的丫头着实招人喜欢，手头的活儿利索不说，心眼儿还挺实诚，为人又厚道，尤其是她那张樱桃小口里，不知道能吐出啥叫人意想不到，又叫人听着格外舒服的话来，她左一个"张哥"，右一个"张哥"地叫着，张亚东听着舒畅无比。

又是一个晚上，还是赵秀敏送走了最后一位客人，一切收拾妥当。

张亚东又来了:"小敏,又是两个月了,来,按老规矩办。"又一个红包递了过来,"哎哟!"张亚东突然腿一软,跌坐在椅子上。

"您怎么了?哪里不舒服?要紧吗?"赵秀敏忙扶住张亚东关切地问。

"没什么,头有点儿疼,帮我揉揉好吗?"张亚东无力地将头靠在椅子上。

赵秀敏轻轻地为张亚东按摩着:"您可要多保重,我们可都指着您吃饭呢,您要是有什么闪失,那我们以后跟着谁啊。"

"唉,好累啊!"张亚东一声长叹,然后闭上眼睛就不再说话了。

"张哥,您这是身在福中不知福啊,当着大老板吃穿不愁,要什么有什么,还有啥好累的?"赵秀敏边给张亚东轻轻按摩,边说笑道。

"小敏,你是不知道啊,我家那位,整天跟我横挑鼻子竖挑眼的,她要是有你一半体贴人,我就知足了。"张亚东靠在椅背上,一副享受的样子。

"看您说得,大嫂那叫女强人,我算什么呀,不能比的。"

"她算什么女强人?当初靠我那老岳父买下这店,倒成她的能耐了!现在三天两头地跟我吵,好像嫁给我倒还委屈她了!她一个娘们儿家家的,放着安生的日子不过,偏要嚷着去做什么鬼生意!你说要不是这些年我精心打理这个店,她不得喝西北风去?……"张亚东越说越气愤。

"那倒是!要说吧,大嫂也真是的,张哥你这样的好人她都看不上,心也忒高!要是我嫁给您这样的,高兴还来不及呢!"赵秀敏附和着。

就这样,两人聊到很晚。等张亚东走后,赵秀敏掂起红包,回到张亚东特地用雅间给她改的小屋里,在灯下数了数,整整一千块,比上次多了一倍。

"咋给我这么多啊,我们服务员的工资,一个月包吃包住的也就五百。他不但给了我这么多钱,上回听说我和同屋的闹了别扭,还专门给我腾出来一个雅间,都不招待客人了,专门让我住。张哥这人可真好,又有钱,又有人情味,偏偏找了个这样的老婆……"赵秀敏翻来覆去地睡不着了。

转眼间中秋节到了,火锅店的生意越来越火,很多人都提前订了桌。赵秀敏蝴蝶穿花般地忙来忙去,她那甜蜜的笑脸,乖巧的语言让客人们有种宾至如归的感觉。张亚东看在眼里,喜在心里,也不时地上来帮她的忙,两人一唱一和的,实在默契,看上去俨然一对夫妻。

夜深人静的时候,张亚东来到赵秀敏的住处,不止带来红包,还带来了一瓶女儿红,一兜水果,一盒月饼和一堆女孩子爱吃的零食。尤其让赵秀敏惊喜的是：还有一朵娇艳的红玫瑰！

赵秀敏平生第一次收到男人送的花，满脸洋溢着幸福的笑容，激动得半天说不出话来。等她从厨房端来她亲自做的两个小炒后，两人终于坐到了一起。

"小敏，你手艺真好，吃了你做的菜，我就再不想吃别人做的了！"张亚东的眼睛有些酸涩，舌头也有点不听使唤。

"看您说的，您啥没吃过，啥没见过啊，就拿我这没见过世面的人来取笑！"赵秀敏笑吟吟的，又给张亚东斟上一杯说道，"张哥啊，您可真是个大好人。没想到我刚来北京就能碰到您，和那些同乡姐妹们比，我可是幸运多了。您看她们吃的那些苦，受的那些罪，挣不到钱不说，还处处受气受白眼，您可以说是我的恩人了。来，这一杯我先干为敬！"赵秀敏说完，一仰脖，干了一盅儿。

张亚东几杯酒下肚，情不自禁地拉过赵秀敏的手，握在自己的手中，轻轻说道："小敏，看你的手，皮肤糙得，可不像一个美人的手儿，以后洗菜做饭的活儿，咱不做了，我让他们做，你只管吩咐他们就成。"说着，他还从兜里掏出一盒高级护手霜，轻轻为赵秀敏涂抹，"白天看着你操持着，就心疼你的手，就想把它们捂在我的胸前，给它们温暖。这双小手啊，几回在我的梦里出现……"

听着这样暖心窝的话儿，赵秀敏落下了晶莹的泪水。

窗外的月亮升到了半空中，轻轻的风拂着弱弱的柳，柳儿的影子在窗棂上娑婆。

月亮如水般纯净，赵秀敏的身体也是如此洁白纯净，月光在她身上凝结了一层清清的霜糖，张亚东就用嘴唇来将这层霜糖吮化……

真相：负心汉再觅新欢

情到此处，一切顺理成章，再自然不过。

张亚东为了能长期与赵秀敏姘居，在离张记火锅店不远的地方为她租了一套平房，虽然面积不大，但是收拾得足够温馨。再加上赵秀敏身上有女人天生的妩媚与温柔，张亚东是越来越离不开她了。此时的赵秀敏已经改头换面，成了张记火锅店真正的二老板，火锅店的事情，里里外外她是一把手，说一不二，脾气也一天比一天大。

又是半年过去了。赵秀敏和张亚东添了一个白白胖胖的儿子，张亚东给他取名叫张勤，现在的赵秀敏再也不想做见不得天日的"二奶"了，她要求从"地下"正式转为"地上"。在她的搅和下，张亚东与原配夫人的婚姻终于走到了尽头。

但是赵秀敏也付出了有家难归的代价：她在河南乡下的父母都是老实巴交的庄稼人，没想出了这么个破坏别人家庭、抢别人丈夫、让人用指头戳、用唾沫淹的不孝女儿。她整个家庭都成了乡里乡亲闲聊的重点话题，就连妹妹的婚事，也因男方家里听说姐姐做了人家的"二奶"而退了亲。

虽然张亚东离了婚，与赵秀敏有了儿子，但是他却并不与赵秀敏结婚，这令赵秀敏非常不解与生气："姓张的，你到底是怎么想的？你以前总说你老婆不同意，说你有孩子。现在好了，你老婆和你离了，咱们也有儿子了，你怎么还不和我结婚？你到底安的什么心？你根本就没打算娶我吧！是不是，你说啊！"

"好了，好了，别闹了，你说要住楼房，我让你住上了吧。现在我刚刚离了，就马上娶你，这不是叫朋友笑话吗？再等等吧。"张亚东每次都是这样回答赵秀敏。

"你怕人笑话，你闹大了我肚子，现在孩子都满世界爬了，邻里邻居，街里街坊，谁不知道啊？你怎么早不怕笑话，现在倒怕上了，你怎么当初胆子就那么大啊？"赵秀敏听着张亚东的狡辩，气儿就不打一处来，"我还告诉你了张亚东，你要是不和我结婚，你的火锅店也别想开张了！"

眼见赵秀敏要断自己的后路，张亚东有些急了："小敏，你别得寸进尺好不好？那火锅店还不是你说了算的，它还姓张呢，不姓赵！"

"呜……"这也是赵秀敏最近惯用的伎俩，张亚东全然不理会，到隔壁自顾自睡觉去了。

原来，张亚东的妻子知道他们的事情以后，曾找过赵秀敏，两个女人为抢一个男人没少费周折，甚至于动武。张妻还把这件事情告诉了赵秀敏的家人，本来想让赵家人带她回去，没想到这样一来，赵家人对她不闻不问了，根本也不让她进门。

最后还是张妻退了一步：她有北京户口，有房，而且早年开火锅店做生意赚的钱也全在她的户头上，只要儿子跟着她，她什么也不怕，离就离呗。可是赵秀敏的处境可真的不妙，她现在是孤身一人，举目无亲，要是不咬紧张亚东，她能指望谁呢？老家不能回，就是能回，她也不想住阴矮潮湿的土坯房屋，走到处鸡飞狗跳的泥巴路。所以,她必须咬紧张亚东不放,必须结婚!

主意一定,她天天和张亚东软磨硬泡,死缠烂打,而张亚东则另有一番想法:早先和赵秀敏在一起,那是真的喜欢!刚从乡下来的妹子,带着一身的纯朴,人又年轻漂亮,温柔而且精力旺盛。可是现在,女人有的毛病她占全了,虚荣奢侈,泼辣粗悍,蛮不讲理,竟然在张记也当起家来了,把原先的一群朋友全得罪光了。这两个人各怀各的心思,每天的必修课,就是为结婚的问题闹个天翻地覆。

这一天,张亚东在外边喝得多了一点,很晚才回到家里,一进门就扑到赵秀敏身上,赵秀敏却忍不住一脚踢开了他,张亚东跌到地上,又愤怒地爬起来,扑向了赵秀敏,可是赵秀敏一把就把东倒西歪的张亚东推开了,高叫道:"姓张的,你不和老娘结婚,就别再想碰老娘一根指头!"

第二天早上张亚东醒来,发现自己躺在地上睡了一夜,而且吐了一地,更糟糕的是他竟然躺在自己的呕吐物里!这时赵秀敏进来了,她根本不看张亚东一眼,径自从他身上迈了过去,还用嘲笑的口气说:"张大经理,这一宿睡得舒服不?地上凉不凉啊?怎么也不盖……"她的话还没说完,就被窜起来的张亚东一个大嘴巴抽回肚子里。

赵秀敏又哭了,张亚东已经看习惯了,看着赵秀敏泪盈盈的脸,他就烦乱不堪,气不打一处来。张亚东把自己收拾干净,一摔门就离开了这间房子。

到了张记火锅店,他发现店里来了新人,都是赵秀敏新换来的。张亚东问:"你叫什么名字?"

"吴红蕾。"她小声说。

"哪里人啊?"

"河南人。"

"以前做什么的啊?"

"以前一直上学,高考没考好,就出来做工了。"她的声音还很小。

"……"眼前这位十八岁的少女让张亚东眼前一亮:她低着头,一头干净利落的乌黑短发,在太阳的照耀下闪闪发光;细细的眉,水汪汪的大眼睛,一扑闪一扑闪的,长长的睫毛在她的眼睑上,投下了深深的一抹阴影;粉白细腻的小脸上,一层细致的汗毛,在阳光的映射下,泛起微微金色的光芒,就像水蜜桃一样鲜嫩诱人;花瓣一样的嘴唇,轻轻咬在一起;似蹙非蹙,娇羞未退,惹人喜爱。

"呵呵,你说话的声音这么好听,为什么不大点声呢?你知道,做服务员,应该谈吐清晰,尤其是招呼客人要礼貌大方,清脆利落。"张亚东和气地对吴红蕾说。

"是。"吴红蕾还是小声答应。

"我知道你刚从学校出来,不过你要知道现在面对的可不再是同学和老师了,没关系,可以慢慢适应嘛!"张亚东耐心地对吴红蕾说。

"是。"吴红蕾的回答还是与刚才相同,只是声音更小了。

"别怕,有几天就习惯了。"张亚东轻轻拍了拍吴红蕾的肩说。

以后的日子里,张亚东对这个刚毕业的高中生,照顾得更是周到细致。不只是在工作方面,而且在生活上对她也照顾有加。

吴红蕾慢慢适应了这里的生活,但是她对于大学仍是念念不忘:"我就是想再挣点钱,回去读书上学!"这是吴红蕾时常挂在嘴边的话,每每这时,张亚东总是说:"好啊,有这心是好的,你要是真能考上大学,我就给你出学费。"吴红蕾听张亚东这样说,总是睁大了眼睛,天真地问:"真的吗?"

一天,张亚东对吴红蕾说:"蕾蕾,现在工作这么紧张,你又想好好学习,我给你准备了一间房子,你自个儿住,省得别人打搅你,要想看书、学习什么的,可就方便多了。"

"真的?"吴红蕾有点不敢相信。

"当然了,都收拾好了。以后你可以不用上早班,晚上要是用功的话,早上就多休息一会儿,没问题,早班我让他们重新排。"

"谢谢,谢谢您,您可真是好人。"吴红蕾忙不迭地向张亚东道谢。

在张亚东与赵秀敏冷战期间,吴红蕾就像一阵暖风吹进了张亚东的心中,不知不觉间成了张亚东的下一个目标。吴红蕾住的房间,就是之前赵秀敏住的那个雅间。张亚东对吴红蕾使用的手段,也与对赵秀敏使用的相同。唯一不同的是目标换了。

吴红蕾起初是真的很想上学,可是离开学校久了,加上工作繁忙,人也变得懒散起来。还有张亚东屡屡带她上歌舞厅、蹦迪、逛街、买时装、下馆子……所有时下流行的,吴红蕾全学会了:学会了各种各样的娱乐,学会了大把大把地花钱,学会了如何打扮成北京城里的时尚女郎。从此,吴红蕾成了张亚东的女人,当他们第一次缠绵时,吴红蕾心里有种本能的抗拒,但随后更多的是种悬浮的快乐,是种荡漾在本能与满足之上的悬浮的快乐。此时的吴红蕾根本没有想过这种快乐是否实在。

世界上没有不透风的墙,也没有能包住火的纸。张亚东在外边与吴红蕾的种种行为,自然逃不过赵秀敏的耳目。赵秀敏开始很生气,本来她想找到张亚东与吴红蕾大干一场,可是她转念一想:张亚东本来对自己就大不如前了,现在又有那个小妖精从中作梗,自己去闹腾,能有什么好?那不是自断后路吗?倒不如……

赵秀敏这几天茶不思饭不想,一心等待机会出现。好不容易张亚东出门办事了,她来到去年她住过的那个雅间:"妹妹,你最近还好吗?工作累吗?"

"还好,谢谢姐姐的关心。"赵秀敏一来,吴红蕾就有所察觉,明白她的来意。

"不用客气,妹妹你现在漂亮多了,也白细多了。我记得刚带你来火锅店那会儿,你还是一个单纯的乡下姑娘呢,我看咱们是老乡,出门在外的,只有老乡才信得过。"

"是,秀敏姐对我一直不错。"吴红蕾小心应付。

"唉,妹妹,你是越来越水灵,小日子过得也滋润,姐姐我可比不上你啊!"赵秀敏说着,眼泪就在眼眶里打转转。

吴红蕾看了,忙递过来一条毛巾,关切状地问:"哪能啊,秀敏姐你出来的早,见的世面又比我多,怎么……"

"唉!"赵秀敏一声长长的叹息,"妹妹你是不知道啊!那时候张记火锅店,是个啥破烂摊子啊,都是我里里外外,忙前忙后的,总算把店打理出来个样子,可是……"

原来吴红蕾来得晚,对于张记火锅店以前的事情知道的并不太多,她只知道是赵秀敏把她带来这个火锅店打工的,所以出于这一点,她对赵秀敏还是心存几分感激的:"是,秀敏姐可是里里外外的一把好手,店里的伙计没有不佩服的。"

"……呜……"赵秀敏由小声抽咽索性改成了号啕大哭,"妹妹,你是不知道张亚东这个没良心的,他……他……"

吴红蕾感觉有点不对,问道:"他怎么了?"

"他这个没良心的,狼心狗肺的,良心让野狼叼了!他跟我……跟我……就算他不想想我,他也得想想我们的孩子啊!孩子都满地爬了,现在连他爸爸的人影都见不着！妹子，你说说，这世上还有没有比他更混的了！"赵秀敏的眼泪滂沱着。

"啊？！"其实吴红蕾一直不知道张亚东与赵秀敏有孩子的事情，这件事，张亚东对她瞒得滴水不漏，"是这样吗？那……"吴红蕾也一时乱了方寸，不知道说什么好，毕竟她也只是个十八岁的孩子。

"妹妹，你帮我评评这个理，你高中毕业，读的书比我多，懂的道理也肯定比我多。"

"……"吴红蕾沉默着。

"妹妹，我就直说了吧，你不可怜我这个当姐姐的，也可怜可怜孩子吧，可怜可怜你那个不满一周岁的小外甥，行不？"说着赵秀敏双腿一弯，跪在了地上。

"秀敏姐，可别这样……"吴红蕾一惊，同为女人，她见到赵秀敏到了这般田地，而且又曾经待她不错，心里倒有了几分酸楚。

"妹妹啊，你又年轻，又水灵，何必和张亚东这个朝三暮四的老头子拴在一起啊。我要不是现在有了孩子……我跟你说的这可是实话，你想想，他和我在一起才多长时间啊，现在就连看都不看我一眼，亲生骨肉都不放在眼里了，你趁着还没有孩子这个拖累……我的好妹妹，算你救救姐姐，放姐姐一马……也当你为自己的将来多打算打算吧……"赵秀敏仍跪在地上，拉着吴红蕾的手，苦苦地恳求着她。

"……好了，秀敏姐，你快起来，先别哭了，你让我再想想吧！"吴红蕾说道。她明显对赵秀敏说的话动了心。

"妹妹，姐姐从前待你可不薄啊，眼看着姐姐低三下四来求你……你就行行好吧！"

"秀敏姐……"

吴红蕾费了好大的周折，才把赵秀敏打发走。晚上她躺在床上，静静地想着赵秀敏的话，也不无道理：张亚东年近半百，在秀敏姐之前，二十年的婚姻就一笔勾销了，对秀敏姐也是薄情寡义，说甩就给甩了，而且秀敏姐还有了他的孩子呢。我呢，若是要孩子，万一他哪天甩了我，孩子的确是个拖累；要是不要孩子，他离开我倒更方便，我是要还是不要……

一夜的辗转。

很快天就蒙蒙亮了，张亚东回来看到恍惚不定的吴红蕾关心地问道："宝贝儿,你怎么眼睛乌青乌青的,没休息好吗?"

"不是,我没事。"吴红蕾显得闷闷不乐,可是她的想法又怎能对张亚东讲?

"没事就好,宝贝儿要是有事,我得心疼死。"说着,张亚东那两片厚厚的嘴唇就盖了过来,吴红蕾哪里有这般心情,连忙躲闪。

"怎么了?害羞了?"张亚东乘着未散的酒兴,"来,别怕……"张亚东把他庞大而沉重的身体一下子压在吴红蕾身上,吴红蕾越是反抗,张亚东越是觉得兴致盎然。

这一次,吴红蕾真的是从心里对张亚东感到了些许厌恶。

这种日子又过了两个月,一来有赵秀敏的谆谆诱诲;二来有张亚东的屡施淫威;三来为自己的将来打算,吴红蕾决定离开。从这一天起,她从张记火锅店里消失了。

张亚东回到了许久没回的赵秀敏的家里,一进门,就听见赵秀敏从鼻子里哼出来的声音:"哼,你还认得这个家门啊!"

"回来看看你和孩子。"张亚东蔫蔫地说。

"你还记得你有孩子啊,那还真得谢谢你啊!"赵秀敏句句针锋相对。

"好了好了,别再闹了,你和孩子都好,我就放心了。"

平静的日子过了几天,赵秀敏旧话重提:"咱们什么时候结婚?"

"你别再提结婚的事情了,我是不会和你结婚的。"张亚东这回口气决绝,连哄都懒得哄了。

"什么?!你这个挨千刀的,老天爷啊,我的命怎么就这么苦啊,还有我这苦命的孩子啊,你爹他不认咱们娘俩儿啊……"

"你别拿孩子和我说事儿,当初我不让你生下来,你非要生下来,命苦也是你自找的。"

"什么?张亚东,你说什么?你这天杀的东西,绝情绝义,都是那个小狐狸精,勾搭得你找不着北!现在呢,现在呢,人家走了吧,你活该!说到你难受的地方了吧,活该!男人就这么犯贱,顺顺当当的日子不过,放着老婆不娶,非要和小狐狸精裹到一块儿,让人甩了还成天找不着北呢!"

"呵呵,赵秀敏啊,放着老婆不娶,你倒说说看,放着哪个老婆不娶啊,你倒是谁的老婆啊?你当初又怎么样,不也是个二房吗?"张亚东一句话噎得赵秀敏直咽唾沫。

"早知道，我就不带那个小狐狸精来这儿了，现在把她打发走……"

"你说啥？把她打发走了？是你把蕾蕾……"张亚东瞪圆了眼睛问。

"哼，到这个地步了，我就直说，是我让她走的怎么样！张亚东，心疼了吧？哼，人家能看上你这个糟老头子？人家可是高中毕业生……"

"你！她在北京一个亲人也没有，你让她一个人去哪儿？你在这里，我养着你，你又何必苦苦逼我结婚？何必苦苦逼她离开我？"张亚东厉声怒斥赵秀敏。

"好，张亚东，你对那小婊子有情有义，你找她去！我还告诉你，你老婆和你离婚的时候，拿走了你全部的家产和张记一多半的产业。现在张记剩下的，全是我一把手挣来的，你要是去找那个小婊子，你就光着腚去，看人家认识你！"

"啪！"一个结实的耳光，重重落在赵秀敏脸上，她的脸马上红肿起来，紧接着，张亚东不分头脸，又揪住她的头发，向门上撞过去，两下下来，赵秀敏便满脸是血，晕了过去。

张亚东转身离开了，门被重重地摔上。窗外的阵阵冷风，吹醒了晕在地上的赵秀敏，孩子在隔壁床上哇哇地哭着，她想爬起来，却不知道力气都去哪儿了，只能一点点挪向孩子的小床。她把孩子抱在怀里，痛哭起来："孩子啊，妈妈遭的这些罪可都是为了你啊，和你那没良心的爸爸结了婚，才能给你一个名正言顺的北京户口，妈妈不能让你成为没有爸爸的野孩子啊！妈是回不去老家了，那没有咱们娘儿俩容身的地方啊。妈妈遭了罪，不能再让你再遭罪，妈妈一定要让你有个完整的家，让你过着衣食无忧的生活……"

第二天，赵秀敏自己到医院，额头上缝了五针。从此，她的额头上多了一道极不相称的伤疤。待赵秀敏回到家中，她愣住了，她弟弟正站在门口等她。

"姐，你咋了？谁欺负你了？"弟弟关切地问。

"没啥。"赵秀敏没脸说实话，她一直对老家人声称张亚东对她百依百顺，她过得衣食无忧。所以当着弟弟的面儿，只能说是自己不小心摔的。

"那咋摔成这样了，姐夫咋也不陪你瞧瞧啊？"

赵秀敏苦涩一笑，没再说什么，两人进屋来，赵秀敏发现弟弟的眼圈红红的。

"咋了，啥事啊，大小伙子哭啥哩？"

"姐，咱娘……"弟弟忍不住号啕起来，他拉住姐衣裳。

"娘，娘她咋哩？"赵秀敏感觉不妙，急切地问。

"她快不行了，她天天念叨你了……"

这对此时的赵秀敏来说无疑是晴天霹雳，她顿时觉得天旋地转。

赵秀敏稳了稳神儿，她先安置妥了弟弟，然后径自来找张亚东，准备向他要些钱，回家看看老人，可没想到得到的还是张亚东冰冷的拒绝："赵秀敏，我养着你和你那小东西就够不容易了，现在你还让我养你妈？该得着吗我？她是我什么人啊！再说你家的穷亲戚那么多，我管谁不管谁啊，管一个以后都成我的事儿了，不管还落埋怨呢！我啊，犯不着！"

无奈的赵秀敏，只得变卖了自己的首饰，凑些钱与弟弟踏上了开往河南的列车。

火上浇油：三奶春风得意，旧恨添新仇

赵秀敏刚走没几天，吴红蕾又出其不意地回到了张亚东的身边，原来吴红蕾在外边的日子并不好混：在农村，高中是个高学历，可是在北京算个啥？再加上她习惯了大手大脚地花钱，哪能找到既挣钱又体面的工作？在吴红蕾出走的这段时间里，她每天都回想着和张亚东在一起的舒服日子。身上带的钱全花光了，她又回到了张亚东的身边。

"宝贝儿，你可回来了，想死我了，我的心头肉！"张亚东亲热地拉过吴红蕾，又是亲又是咬。两个人恢复了从前如胶似漆的生活。

明月杨柳，又是一个温柔的夜晚。

"零……零……"电话铃急促地响起来，打扰了张亚东与吴红蕾的好事，张亚东翻身躺在一边不理会，吴红蕾爬起身来懒懒地接电话："喂，找哪位啊？"

赵秀敏在电话中听到了吴红蕾的声音，气怒之极，大声叫："找张亚东！"

张亚东明明听到了赵秀敏的声音，却朝吴红蕾摆摆手，不接电话。

"秀敏姐，对不住了，张亚东他不在。"吴红蕾说完，又和张亚东扭在一起笑成一团。

"你少骗人了！你给我……"

"嘟……嘟……"赵秀敏在电话里听到他们的声音，气得呜呜地哭了起来，可是张亚东远在北京，根本听不到她的哭声，"好，你狠，算你们狠，我再也不回去了，别再让我看见你们。你们快活吧！"

赵秀敏本想让张亚东给她寄点钱回来，因为老人过世，家里需要钱。可是

现在张亚东的态度，实在让她彻底心寒。赵秀敏心想，把孩子留给张亚东，比放在自己身边好一点，这样孩子不仅可以留在北京，能上学，过好日子，将来他长大了，自己这个当妈的也能跟着沾点光。要是把孩子带在身边，不仅老家人会笑话，就是自己再找婆家，恐怕也困难。

她又打电话给张亚东，说明不想再回去，让他好好带孩子。可是没想到张亚东却说："你生下这么个累赘，你想一走了之，没门儿！你快回来，伺候你的小祖宗吧。我没那个闲工夫！"

"张亚东，你……那是你儿子！孩子姓张！"

"算了，你不想回来，证明你不想要孩子了。那也好，我把他往大街上一扔，或者送给别人，现在要孩子的人多着呢，这样你我都省事儿了。"

"……张亚东！你，你他妈的，简直不是人！"放下电话，又恨又急的赵秀敏只能踏上回京的列车。

"秀敏姐，你回来了，你要是愿意就住在这里好了。"赵秀敏一进门，正看见吴红蕾在打扫房间，"秀敏姐，你儿子病了，你快看看，在里屋。"

赵秀敏心头一惊。只见儿子小脸儿蜡黄地躺在床上，不哭也不闹。

这房子，已然是换了主人，不再是赵秀敏而是吴红蕾。墙壁上贴满了吴红蕾搔首弄姿的艺术照。赵秀敏此时是欲哭无泪，疲惫至极，一下子瘫在地上。

"我不能住在这里了，我把孩子带走了，你和张亚东说一声。"赵秀敏定了定神，对吴红蕾冷冰冰地说。

"秀敏姐，你可别怨我，我也是没办法。你说女人要是到了这步田地，能怎么办呢？"

赵秀敏抱起孩子，摔门而出。

她能去哪里呢？只能回到了那个小小的雅间。孩子眼看着就要不行了，而赵秀敏却叫天天不灵叫地地不应，欲哭无泪，失魂落魄地呆坐在床上。曾经发生的一幕幕，全都在她眼前重新上演。直到后悔、痛恨、无奈、无助……埋没了她的心房。

穷途末路：二奶走入了"死胡同"

赵秀敏对张亚东的恨，全记在了吴红蕾的头上："要是没这个小婊子，张亚东哪会对我这么心狠？"

一旦有了什么想法，人的意志就会变得很坚决。可惜未必所有的想法都是对的。

赵秀敏约来吴红蕾，就在吉祥庄村东，两个人坐在一个污水井边休息。

"秀敏姐，其实我真是挺感谢你的，我刚来北京，真是没依没靠。你收留我，还接济我，而且你那么能干，我挺佩服你。"吴红蕾拉着赵秀敏的手说。

面对这个小老乡，赵秀敏心里也挺别扭，有几分痛恨也有几分酸楚。她真是想除掉她，为自己也为孩子，可是又有几分动摇，毕竟这也是一条活生生的性命。

"好啊，好妹妹啊！亏你还记得，证明我没白疼你。"赵秀敏接口道。

"秀敏姐，我知道你怨恨我。有些事情，我真是对不住你，可我是身不由己。我本来没想那么多，张亚东对我好，我就很感谢他。他给我地方住，给我衣服穿，带我见世面，起初的时候，我还真以为他会送我去上学呢！"说到这里，吴红蕾轻轻叹了一口气。

"是啊，当初他对我也是一百个甜蜜，两百个温柔。"

有阵阵的风吹来，撩起两个女人的发丝，赵秀敏用微微发青的手指，整理自己的头发，又轻轻地拂开贴在吴红蕾脸上的头发，此刻她们宛如一对姐妹。

"其实我们都受骗了，可是我们都没别的办法，对吗？"

"对。"

"其实秀敏姐，你曾经也害一个女人失去了丈夫，不是吗？"

"是。"

"可是秀敏姐，我知道你那时候也不是故意的。"

"是啊，谁知道当时是怎么想的。"

"和我一样。当时我好像……好像是真的喜欢这个和我爸爸年龄一样大的男人。"吴红蕾眼睛漠然地望着前方，"他给我许多幻想和许多新鲜感。还给了我许多快乐与希望。我第一次觉得生活特别精彩，这个世界又大又好玩儿。"

"是啊，那时候，在火锅店里拼命工作，受了委屈，也只有他疼我。这种有人疼的感觉，好像很久没有了。"赵秀敏放眼望着如血的残阳。

"秀敏姐，我开始和张亚东在一起的时候，真的不知道你们有孩子，他根本没有告诉我。"吴红蕾望着赵秀敏道，言语中确有几分歉意，"不过，也说不好是不是我上当了。真的，当时我根本没想这回事，只觉得那时候自己是离不开他了，其他一切都不去想了。现在回想起来，那时候的快乐，真是忘乎所以，就像过了今天没明天似的。"

"你想的时候，已经晚了。我想的时候，也早就晚了。"

"是啊，早知如此，何必当初呢！我常常在想，是不是回家乡种田，会活得更快乐，更踏实呢？其实，我现在恨透了他整日整夜没完没了地摆弄我、折腾我……"说着，吴红蕾掉下了眼泪。

赵秀敏没有说话，残阳归隐，整个天空融在红色中。暮色已渐渐落下，淅淅沥沥地飘起点点雨丝。

"说真的，我恨张亚东，他说要我和他过一辈子，可是又不让你走。"吴红蕾说到这里咬了咬牙，"这样的日子，真让人疲惫不堪。"

"是啊，我当初还幻想他会和我结婚呢，我一个人无所谓，真的。我到哪里都能混生活，但是我们有孩子啊，我要和他结婚，都是为了孩子啊，回不得老家，城里没户口，过几年也不能上学，处处让人看不起，这罪是我作下的，可是孩子有什么罪过，非要跟我这个当妈的受这个委屈……"赵秀敏用手抹着眼泪。飘飞的雨滴，更增加了悲凉的气息。

"孩子？秀敏姐，当初你要没有孩子，也许结果就不同了，也许张亚东不会离婚，也许我们两个也不会到现在这步，说实话吧，秀敏姐，我怀上了……"

"什么……"赵秀敏一阵晕眩，"妹妹你是说……"

"我也怀上了，张亚东说想要个女孩，他说生男孩都生腻了。"吴红蕾略略低下头说，"现在也许我不喜欢张亚东了，真的不喜欢了。可是我需要他，所以还是无法离开他。对了，秀敏姐，张亚东说了，等孩子生了，就和我结婚，不过他说他也不会亏待你，还让我也跟你搞好关系，毕竟也都不是外人，他还说……"

赵秀敏的大脑一片空白，本来渐渐打消的杀意，听了这话，如受了刺激一般在脑中刹那间复活。

张亚东还说了什么，从吴红蕾的口中再也听不到了。

赵秀敏的眼前，呈现出一片比残阳还红的鲜血。

"秀敏姐，你……"这是吴红蕾的最后一句话，弥散在天际。

此时的赵秀敏，鲜血蒙住了她的双眼，她的眼睛变红了，变成了噬血的禽兽，手中的砖头一下又一下砸在吴红蕾的头上，直到脸面一片模糊，没了人样。吴红蕾的身体，趴在污水井边，还在抽搐，可是赵秀敏已经好累好累，再也挥舞不动胳膊，再也不想看见吴红蕾："事已至此，那就让你永远消失吧！"

"咚！"沉闷的溅落声，还未断气的吴红蕾，被推进了污水井。

雨下大了，冲掉了井边的滩滩血迹……

呼唤：该怎样拯救沉沦的月亮？

看守所里的赵秀敏后悔不已，她难过地说道："吴红蕾死了，我也活不成了，而那个臭男人还活着！早知这样，当初我就不该当第三者，真是恶有恶报啊！我咋就鬼使神差地走到了这一步？"

是啊，赵秀敏临死都想不明白的事值得我们思索，她的"那个臭男人还活着"的话时时警醒着和她一样的女性：小心啊，错一步就再也回不来了！

从犯罪心理学来说，本案与赵晓娜案有共同之处，也是一起典型的情绪化的犯罪案件。赵秀敏从一开始就打算跟张亚东结婚，并且有了孩子，孩子也的确需要户口，后来张亚东把她抛弃了，她在感情上受到了很大的挫折：一是有种被欺骗的感觉；二是她不知道该如何面对未来的生活，对将来的生活十分焦虑。她面临着巨大的压力，感到十分绝望，再加上另一个因素——被害人也怀孕了，这一下子极大地刺激了她。在这种情况下，她精神完全崩溃，完全失去了理智。

与赵晓娜案相似的还有，案犯都是外来务工女性，这触动了我们对这一特殊群体情感状态的思考。

在大都市和经济发达地区，难以统计的外来务工女性挥洒着青春的汗水。她们正处在如花似玉的年龄，不能不面对爱情与婚姻。而这又是她们难以选择和把握的。她们是城市的边缘群体、弱势群体。与生于斯长于斯的都市女性不同，她们因种种条件的制约，难以融入主流社会。为了生存，她们中的一些人便有可能成为游走在法律边缘的群体。堕落与犯罪固然有自身的缘由，但不容回避的是，城市的世俗生活、不良的外界诱惑、情感的欺诈……无时不刺激着她们并不坚强的内心。

女性常被称作月亮，也被赋予很多其他美丽的称谓。导致女性犯罪的感情因素很多，特别是情爱的扭曲更容易诱发犯罪。实践中，这类案例很多。这些女性大多是爱情理想主义者，一旦遭人遗弃，便会遗恨报复他人或者是自暴自弃，堕入犯罪深渊。

在调查中我们发现，这些都市边缘女性涉情罪犯们特别敏感。她们原来是社会的弱势群体，游离于主流社会之外。她们最初寻求的无非是她们应该得到的东西——作人的尊严和平等的感情。然而，事情有时便走向了反面。冷冰冰的卷宗里，隐藏了太多我们应该知晓却尚未知晓的细节——在通往犯罪的道路上，一些人并非就是天生的罪犯。金钱和物质欲望的诱惑、感情的欺诈、家庭的暴力、价值观的冲突、社会对于家庭的疏离以及普遍的孤独情绪等，都可能成为诱使她们堕落、犯罪的因素。

调查和研究女性涉情违法犯罪，心情并不轻松。调查为我们提供的第一个教训是：一个人的堕落往往是一个相对长期的过程，家长、亲友、领导（对于未成年女性来说，还包括她们的师长），完全可以通过许多征兆察觉出来，从而及时采取措施，避免悲剧的发生。第二个教训是：应该健全我们对于各类犯罪，特别是弱势群体犯罪的预防机制，这种机制越健全越彻底越好。显然，对于犯罪的事先防范，与事后的惩治同样重要。

在此，也愿更多的女性以此为鉴，用合乎道德、法律的方式呵护、创造幸福的生活。苟能如此，家庭幸甚，社会幸甚。

11

错乱情性，
蛇蝎女人演绎
罪恶情史

在任何人眼里,陈少元都是一个近乎疯狂的蛇蝎女人,谁要粘上她就等于一脚踏进了鬼门关。她先是伙同情夫杀死了自己的丈夫,另谋新欢后,又伙同新一任情夫杀害了上一任情夫。2003年7月21日,陈少元和情夫都因杀人罪被判处死刑。这个年近半百的女人,把自己的丈夫和两个情夫送上了黄泉路。

  检察官向笔者介绍了案情:为达到与情人马子国姘居的目的,陈少元于1996年伙同马子国用猎枪杀死了自己的丈夫刘书斌,由于无人告发,两人逍遥法外多年。2001年,这个女人又伙同情人张清泉杀害了马子国,以期与张清泉结为夫妻。可这一次,他们没有逃过法律的惩罚。二人的婚姻梦顷刻间灰飞烟灭,生命也走到了尽头。

  陈少元,女,时年47岁,初中文化程度。2001年12月,因涉嫌故意杀人罪,被公安机关依法逮捕。2002年8月13日上午10时许,北京市第一中级人民法院一审判处陈少元和张清泉死刑。宣判后,被告人陈少元和张清泉均以量刑过重为由提出上诉,后被北京市高级人民法院裁定驳回。

  让人不解的是,陈少元如何能以蛇蝎之心谋划杀害曾与自己生活多年的两个枕边人呢?而这两个男人,又为何都能与她一拍即合?此案除了让人感叹人性的不可测性和复杂多样之外,又能让人们获取什么样的人生思考呢?

  案件虽已尘埃落定,可仍然有很多迷雾待解。为了了解事实真相,笔者对办案人员,对陈少元本人也进行了深度的采访。没想到这冷冰冰的卷宗背后,竟隐藏着如此惊心动魄的爱恨情仇……

报案：冬夜，路边趴着个"喝多"的人

2001年12月3日，北方大幅降温，温度骤降了六七摄氏度，北京也进入一年中较冷的日子。由于寒冷的缘故，人们尽量减少了户外活动。

已经晚上十点多了，海淀区清河镇居民老王在浓重的夜幕里朝着家的方向疾行。出潘庄路口不远，他突觉脚被硬物绊了一下，低头一看：原来是辆自行车，车上面还趴着一个人呢！老王以为那人一定是喝多了，就俯身叫了那人几声，想让他赶紧起来，免得冻坏了。可连喊了七八声，那人纹丝未动。伸手拽了他一把，老王这才感觉有些不对：这个人好像没气儿了！于是，他赶紧放开手，朝不远处的一家亮着灯的小商店跑去，上气不接下气地在那里打了报警电话。

北京市海淀公安分局西三旗派出所的民警和急救中心的工作人员迅速赶到了现场，在证实了当事人确系因外力伤害而死亡后，海淀公安分局刑警支队北部地区队的侦查员们也赶赴现场，开展了侦查工作。

死者的身份很快被查明，此人系海淀区西三旗后屯村的马子国，现年44岁，无业。活蹦乱跳的一个大活人，究竟因为什么遭此不测呢？是图财害命？仇恨杀人？奸情杀人？……围绕着一个个疑问，民警们艰苦的调查访问工作开始了。

综合现场反映的一系列迹象，久经沙场的民警们当即排除了图财害命的可能性。通过被害人的伤势，他们倾向此案为仇杀。那么，谁对马子国有如此深仇大恨呢？在调查走访中，侦查员们了解到马子国的交际范围不大，平时接触的人员也不复杂，几乎没有人能够提供他生前与人发生过纠纷的线索。

案情分析会上，管片民警的话引起了大家的兴趣："现在看来，要找出一个特别恨马子国的人来好像很难，但要找一个特别爱他的人却很容易。据群众反映，近年来，马子国同本村妇女陈少元的关系很不一般，尤其是自1996年陈少元的丈夫失踪以后，两个人走得非常近，'马子国是陈少元的准丈夫'这一说法在后屯村家喻户晓。我们知道乐极可以生悲，那爱极是否可以生恨呢？倘若如此，那下一步的工作方向不就可以确定了吗？"

这个意见得到了大家的赞同。在未得到更有价值的线索之前，侦查员都赞成先围绕陈少元做工作。至少，她也可以称得上是最了解马子国的人之一。

当民警去敲陈少元的家门时，才发现这里距离发案现场是如此之近，近得在这里几乎就能听得清发案现场的任何声响。在民警面前，陈少元表现得很平静，

没有伤感，没有悲痛，对自己和马子国之间过去的"事儿"也毫不避讳："我和马子国从小在一起长大，相互之间非常了解。我丈夫刘书斌失踪以后，马子国经常来我家帮我们干些零活，他对我们一家老小一直都不错，时间长了，我们两个人之间便免不了有了'那事儿'。出事儿的那天晚上，马子国是在我们家坐了两个多小时以后才走的，可谁能想到他刚走出去不远就遇到了这样的事呢？你们别看我现在好像很平静，其实我的心里乱极了，我一直想哭，可总是哭不出来啊！"

"你和马子国的关系这么近，有没有听他说过与谁有隔阂呢？"

"嗨，他在外面交往的人那么多，谁知道得罪了哪一位呀！"

接下来，陈少元向民警讲了她所知道的马子国的一些交往情况。从表面上看来，找不出她对马子国由爱而恨的迹象。

根据陈少元提供的线索，民警分头开展了大量艰苦细致的查证工作，先后辗转访问了数十人，仅访问笔录就记了上百页，竟没得到一点儿有价值的信息。

调查中，后屯村的李师傅和王大妈同左邻右舍的老街坊们一样，对马子国的死都不感到意外，他们不约而同地跟侦查员讲："死神好像特别'厚爱'马子国，今年以来就已经'拥抱'过他两回啦！可每次都因为他的命大，愣是逃了过来。如今他终于被人害死了，我们都认为凶手应当与以前他遭遇的两次车祸的司机有关。"在七嘴八舌的议论中，民警们听明白了这年夏季后屯村连续发生的两起车祸的来龙去脉。

原来，6月初的一天夜里，马子国独自一人在小路上行走时，身后开来的一辆130型汽车突然朝他猛打方向，一下子将他撞进了路边的深沟里，如果不是他反应快，肯定当时就被撞死在路边的大树上了。等他从沟里爬起来时，那辆车早已没了踪影。一个多月以后，也就是7月下旬的一天深夜，马子国从外面回来，未进家门，一辆"摩的"突然从一条胡同里冲出来，将躲闪不及的他重重撞倒在地。事后，马子国曾跟人说，他看清了开"摩的"的那个人。可不知为什么，他一直没有向任何人透露那个人的名字，也没有到公安部门报案。

看来，这起凶杀案件的发生，是埋藏已久的一颗仇恨的种子在合适的条件下发芽、破土的结果，对此，参与破案的民警们坚信不疑。可此刻，马子国已经永远闭上了嘴巴，活着的人们又不能说出个所以然来，如何才能找到此案的突破口呢？

12月5日，海淀区西三旗派出所的会议室里又是一个不眠夜，全体参战民警出席的第三次案情分析会一直开到了天明。刑警支队北部地区队的负责同志在总结了前一阶段的调查工作后，针对本案出现的特点并综合侦查员提出的建议发表了自己的看法。经过众人的讨论，他们制定了更加具体的下一步工作方案。西三旗派出所的领导同志在会上更是坚定地表示，派出所将作为侦查破案工作的坚强后盾，全力提供人、财、物的保障。

突破：一个电话把侦查引向新天地

按照分工，刑侦技术人员进一步细化了现场勘查和物证检验的各个环节，以求在证据上有新的发现；侦查员则根据需要，围绕着马子国生前的关系人有重点、有选择地展开了新一轮访问工作，争取有所突破。

与马子国长期"亲密接触"的陈少元自然不会从侦查员拟定的访问名单中消失。12月6日一大早，侦查员又一次出现在她的面前。

陈少元仍然很平静，回答的内容也与上一次没有太大的区别。经过大量查证工作，侦查员已经发现，她所陈述的不少内容与侦查员掌握的事实有出入。尽管陈少元信誓旦旦地表示她的话绝对不会错，可经验丰富的侦查员还是在她回答的话后面打了一个个问号。职业的敏感已使侦查员意识到：陈少元在有意地回避着一些情节！

就在侦查员等待机会适时戳穿她的谎话时，一个极具戏剧性的场面出现了——嘟嘟作响的电话铃声打断了正侃侃而谈的陈少元，只见她随手拿起听筒，可未及送到耳畔，又放了回去，电话被挂断了。待她回过头看见侦查员充满疑惑的目光时，脸一下子红了："没事儿。"她略显尴尬地自言自语。

不足一分钟，不知趣的电话铃又响了，这一次，陈少元没有去接，脸色倏然间由红变白。透过来电显示屏，侦查员看清了那串号码，并不露声色地记在了心里。谈话在铃声停息之后继续进行，侦查员们注意到，这时的陈少元有些心不在焉了。

如侦查员预料的一样，这一次，陈少元依然没有说出更多的细节。可"有心栽花花不开，无心插柳柳成荫"，侦查员记下的那串来电显示号码竟然把侦查工作引向了一片新天地。经过调查，这是一部安装在本市顺义区的私人电话，电话的主人叫张清泉，现年51岁，没有固定职业。张清泉去年9月同妻子离婚后买下了这处私宅，过着独居的生活。知情群众反映，经常见一个三十岁左右的陌生女子来这里与他幽会。经描述，该陌生女子的体貌特征与陈少元极为相似。而陈少元在接受侦查员访问时却从未提及张清泉。这其中是否存有隐情呢？经研究，侦查员决定直接接触张清泉。

经过将近一天的漫长等待后，张清泉终于回家了。侦查员开门见山地问他：你认识陈少元吗？

他先是一愣，继而猛烈地摇起头来："陈少元？我不认识。"

可透过他家的那扇玻璃窗，侦查员分明看见屋里的木柜上摆放着一幅陈少元的艺术照。侦查员往屋里一指，张清泉顿时语塞，一层细密的汗珠刹那间布满了他那张已无血色的脸。

揭开谜底之一：她让老情人杀了新情人

被"请"进派出所，张清泉什么话都不说，只是一个劲儿地吸烟。直觉告诉侦查员：这家伙肯定有事儿。可仅凭猜测或主观臆断是破不了案的；要破案，关键是取得说明问题的证据。于是，在侦察员的盘问下，张清泉很快露出了马脚，交代了自己的犯罪事实。

"我与陈少元1986年就认识了。我那时在昌平一家运输公司做司机，拉货的时候认识了陈少元。她身材窈窕，光艳照人，风情万种。我们认识后觉得挺投缘的，彼此都有好感。在交往的过程中，她也特别关心我，总是嘘寒问暖的，我很感动。慢慢地我们就好上了，我有事没事地老往她那儿跑。时间不长，我老婆就知道了我俩的事儿，醋性大发，连续到单位里闹了几次，使我很丢面子。后来，为了工作和家庭，我就主动和陈少元断绝了关系。后来听说，她很快就嫁给了一个本地人，是养鱼的。这些年，我的生意不太顺利，资金周转不灵，生意场上的竞争让我疲惫不堪。不过，每当我一个人的时候，脑海中总会不时浮现出她那温柔的笑脸。我是真的喜欢她。

有一年5月的一天中午，我和公司几个人陪客人在饭馆吃饭。突然发现不远处有个女人特别眼熟，定睛一看，正是陈少元。十多年过去了，她几乎没啥变化，除了发福了一些，还是和以前一样迷人。只是她身边坐着个五大三粗的男人，长得很是凶恶，举手投足也很粗俗，两人小声交谈着，好像在商量什么事。我的心里一震，想着自己曾经的女人倒在别人的怀里，心里又是心酸又是妒忌。

正当我胡思乱想的时候，陈少元突然跟那个男人大声吵了起来。我赶紧趁机

走了过去，眼看那个男人的手要打在陈少元的脸上时，我一把抓住了。'哥们儿，有话好好说，和一个女人动什么粗啊。'

那个男的很嚣张，'滚一边去，我修理我老婆关你什么事呀？'

我听了心里一惊，难道这就是陈少元嫁的那个养鱼的丈夫？我有些犹豫。陈少元对那个男的嚷道：'无赖，谁是你老婆！'我听到这话心里很得意，'人家看不上你，你怎么还缠着人家不放啊，脸皮可真够厚的。'

那男的听了就想和我单挑：'你是谁啊？'

我公司的几个哥们儿眼看要坏事也冲了过来，我心想这下我还怕你？也不客气地说：'是你奶奶！'

那个男的嘴巴上吃了亏，又看打不过我们几个，骂骂咧咧地就要拽着陈少元走。偏偏陈少元死死地扳住桌子，一动不动，祈求地望着我。

看到她那楚楚可怜的样子，我上前一把扯开那男人的手，大声说：'耍流氓啊还是怎么着？'

饭馆一下静了下来，人们都悄悄议论着。那男的估计，在众目睽睽之下他也占不到便宜，就尴尬地溜了，临走还对我说：'有种的就别走，等着我！'

看着他远去的背影，我不屑地哂了一声。故意大声喊：'我还怕你这耍流氓的啊？闹大了咱们到派出所去说理去！'

没想到陈少元听到我这话就急了，连忙喊住我，走到我跟前小声对我说：'你还是赶快走吧，现在人多不方便说话，这是我的联系方式。'说着塞给我一张纸条，然后就急匆匆地走了出去。看着她紧张的样子，我的脑子里出现了一个大大的问号。

晚上我按照那个电话号码打过去，对面传来的正是陈少元的声音。她说这些年发生了很多事，想和我好好聊聊。于是我们约好了第二天见面的时间和地点。我当时很兴奋，隔了这么多年再次遇到以前的老情人，难道是天意？

第二天一早，我特意将自己拾掇拾掇，浑身上下焕然一新，走在约会的路上，我心里扑通通的，仿佛又找到了二十年前初恋的感觉。

陈少元打扮得光彩照人，浑身上下都透出成熟妇女的韵味。我们聊了很多美好的往事和分手后各自的经历。陈少元告诉我，她结婚几年后，养鱼的丈夫舍下一摊子家业，跟着情人跑了。她一个人，家里的活忙不过来，就雇了同村的一个男人马子国，就是上次跟她吵架的那个。没想到马子国打上了她的主意，整日跟着讨好她，缠着要跟她结婚。结果闹得满村风雨，让她抬不起头来。陈少元哭着对我说：'清泉，我不想活了，丈夫跟别人跑了，我整日忙里忙外，被人家戳脊梁骨，我没脸活下去了。'

看到陈少元的可怜样，我的心隐隐作痛：'少元，当初我忍心离开你，没想到你后来受了这么多苦，都是我不好！'

陈少元含情脉脉地看着我说：'当初你离我而去，你知道我有多心痛吗？我一气之下才嫁给那个破养鱼的。其实，这么多年我心里一直想着你，想和你在一起，可人海茫茫，我到哪里去找你呢？没想到老天睁眼，把你再次送到我身边，这都是天意啊！清泉，咱们在一起吧，我好累，好想靠在你怀里歇一歇。'说着，她将头靠在我的肩上。

听着陈少元柔情款款地倾诉着对我的思念之情，我心欢得像炸开了的锅。我打心底里喜欢这个女人，当初要不是老婆闹得厉害，我肯定会好好待她。结果因为我的自私害得她最终落到这般田地，是我对不起她，现在又怎能再忍心拒绝她的哀求呢？可是，当年的情景又浮现在我的眼前：飞扬跋扈的妻子，背后叽叽咕咕的同事，一脸严肃的领导……

陈少元猜到了我的顾虑：'这些年养鱼，我赚了不少钱，你离了婚，再把工作给辞了，咱俩结婚，安稳地过日子，赚大钱，不比给别人干强啊。'

看着她真诚的样子，我当然动心了，谁不向往又有感情又有物质保障的生活呢？紧紧抱着怀里的女人，我憧憬起了美好的明天。

可当我向妻子提出离婚时，妻子哭得一把鼻涕一把泪，就是不同意离婚。我破罐子破摔，就把陈少元叫到家里，当着她的面寻欢作乐。看着妻子由愤怒到失望再到绝望的表情，我知道一场'马拉松战役'终于结束了。我把所有的钱都给了妻子，因为我心里有愧，毕竟这么多年是她辛苦地操持这个家。不过为了我和陈少元的幸福，我别无选择。

从那以后，我和陈少元频频约会，享受这份意外的爱情所带来的快乐。同时，我也被爱情蒙蔽了眼睛，一步步迈入杀人的陷阱。

马子国知道了我和陈少元的关系，竟然跑来跟我'决斗'，说我抢了他的女人。当我问陈少元到底是怎么回事时，没想到她却哭了起来：'清泉，我隐瞒了一件事情。当初我们分开后，我认识了马子国，有过那么一段交往，可那早就是过去的事了。自从我丈夫跟别人跑了，他就开始打我的主意，三天两头来和我要钱，还逼着我和他结婚。要是我不答应，他就把我们当年的丑事到处抖搂。我不敢得罪他，可又不能和他结婚。于是他就老纠缠着我，上次在酒馆吵架也是因为他想要钱我没给他……'

听了陈少元的话，我恨得差点把牙咬碎了：'这混蛋，他要是再来，看我怎么收拾他！'

陈少元担心地说：'他在村里是地痞无赖，谁敢得罪他呀？我早就被他缠得身心交瘁。现在他知道咱俩又在一起了，怎么会轻易罢休？他老是这样找我们的麻烦，咱们还有好日子过吗？不如除掉那小子！'

我听后很震惊，可再一看陈少元的样子，心立刻软了，心想：我跟老婆离了，把工作辞了，好不容易跟少元走到一块。偏偏马子国来找死，这就怪不得我了，我下定决心要干掉马子国。

为了既达到目的又不暴露自己，我最终选择了制造车祸。今年夏天，陈少元出钱先后给我租了两次车，可由于我的心太软，每一次都没给马子国造成大的伤害。后来，陈少元又跟我说，马子国认出开车撞他的人是我了，扬言要到派出所去报案，以此威胁陈少元和他结婚。我要再不杀那小子，可真是后患无穷了，于是我就彻底动了杀心。12月3日下午，陈少元和我联系，说她已经安排好了，叫我晚上8点之前赶到她家附近埋伏好，等待机会。于是，我就又租了一辆车，拎着事先准备好的一根铁棍出发了。大约9点30分，我看见那个已经与我'交往'了多次的人骑着自行车过来了，趁着四周没人，便不顾一切地朝他扑了过去……

事后，我一口气跑回了家。4日一大早，陈少元给我打电话，说那人死了。下午，她又告诉我，警察已经找她了。立刻，我感到了一种不祥之兆。这两天，我们一直保持着电话联系，昨天上午打电话她不接，我就知道一定是露馅了……"

至此，马子国被害案的侦破工作应当画上一个句号了。可侦查员并没有就案论案，到此为止。因为此案谜团丛生，还有很多细节没有搞清楚：陈少元如何认识的马子国，她嫁的丈夫竟然和马子国在一个村，真的这么巧？陈少元的丈夫怎会舍下那么多的财产和情人私奔？马子国为什么有恃无恐地向陈少元要钱？……

事情的确很蹊跷，难道其中还有更大的隐情？

揭开谜底之二：她让情人杀了丈夫

陈少元再次到派出所是被民警"带"进来的，可她坐定后，不是主动坦白交代问题，而是撒起泼来，破口大骂张清泉不仗义。民警给她讲"要想人不知，除非己莫为"的道理，告诉她"法网恢恢，疏而不漏"的含义，耐心规劝她走坦白交代的路。在人际关系复杂的环境摸爬滚打多年的陈少元经过一番激烈的思想斗争，不得不供述了与张清泉相互勾结杀死马子国的犯罪事实。

陈少元本以为交代完与张清泉"合作"杀人的事情便可以松口气了，可就在她坐在审讯室里一个劲儿地重复："我当时可不在现场啊，我也没有让他置人于死地啊"时，民警严肃地"提示"她：接着往下讲！陈少元听后一愣，继而瞪大眼睛，说："没了。"

陈少元估计错了。她忘记了坐在她面前的侦查员就是解谜高手。一旦发现了谜面，不揭开谜底，他们绝不轻言放弃。于是，更加凌厉的讯问攻势展开了。尽管陈少元极尽狡辩、抵赖、沉默之伎俩，可侦查员就是不急不躁、不愠不火，他们动之以情、晓之以理，相信只要经过努力，总会有坚冰融化、顽石点头的时候。陈少元紧闭多时的牙关终于松动了："实话跟你们说吧，我的丈夫没失踪，他已经死了，是马子国害的。"

接着，陈少元断断续续供述了如下事实：

"15年前，我从农村到家附近的工厂上班，不久后结识了张清泉，两人有了'那种事'，成了情人关系。后来我丈夫知道了，就开始打我，家里的日子越来越不平静，我怕周围的邻居说闲话，加上张清泉的老婆也闹起来，还扬言到厂里来，我们一想，再处下去，麻烦更大，所以这段感情就不了了之。也许真是天意，让我再次遇到了他，本来想再续前缘，没想到，到头来却是要共赴黄泉，这也许是我们俩命中注定的孽缘吧。

1991年我又到一家门窗厂当了一名业务员，在新的环境里，耐不住寂寞的我不久便认识了给厂里拉活的个体户马子国。马子国也是个有妻有子的男人，但我们彼此心照不宣，1995年我们开始发生两性关系。这一年8月的一天，我趁刘书斌在单位值夜班，便把马子国叫到家里，在我与丈夫的床上厮混了一夜。第二天早晨，刘书斌下班回来见到在自己家里的马子国，便隐隐起了疑心。我骗丈夫说，马子国一大早来是要给自己送货，刘书斌便没再怀疑。但此事让我惊出了一身冷汗，后来我对马子国说刘书斌脾气不好，如果让他知道我们的事，准没好果子吃，让马子国以后别到我家来了。也许是马子国一听心里不是滋味，他张口就说：'不行就把刘书斌干掉，我们好踏踏实实地在一起。'我没加犹豫就痛快地答应了。其实，干掉刘书斌的想法早已在我心里萌芽了，尽管我们都有了孩子，而且这么多年生活在一起，但我对丈夫没有一点兴趣。'"

长时间的厮守不但没让她和刘书斌日久生情，哪怕是那种不是爱情的一般感情也没有。她不爱刘书斌，不是想办法和他离婚，而是在外与人搞不正当关系。她背叛了丈夫，不但没生一丝愧疚之心，还因怕脾气不好的丈夫知道而产生了先置丈夫于死地的想法。这个极度自私的女人只是想满足自己的欲望，想着怎样踢开这块绊脚石，好让自己纵情地享乐。放纵像毒瘾，一旦征服了一个人的精神或肉体，便会滋生出变异的细胞，最终可能促使人作出野兽都难作出的事情来。否则正常的女人是不会对没有感情的丈夫起杀心的。以前她没有合适的机会怂恿马子国这样做，毕竟一个女人先说杀死自己的亲夫让人听了就毛骨悚然，况且她也怕一般男人听了她这话就不敢做自己的情人了。

罪恶的念头产生后，他们便商量起弄死刘书斌的细节，最后决定让马子国假装带刘书斌去张北打猎，在路上找机会用猎枪把刘书斌打死。

1996年2月5日下午5点多，陈少元对丈夫说晚上一起到河北沙城拉货，一起坐马子国的130货车去，人多点防止抢劫等意外事故发生，刘书斌同意了。三人先在昌平的一个饭馆吃了饭，陈少元和马子国用白酒把刘书斌灌醉，然后马子国开车向沙城驶去。他们往延庆方向走了一个多小时，刘书斌在车上睡着了，过了延庆他们又往东北方向走了两个多小时，这时他们想在路边就把刘书斌整死。

往前面走了不久，他们开到一处路边，前面是个村子，马子国停下车来看了看地形，感觉不大安全，也有点害怕，便回到车上说："今天月亮太亮了，车也挺多，明天再说吧。"陈少元同意了，于是他们往回返，到了昌平刘书斌才醒酒，问怎么回来了，他们谎称沙城工地没人，明天再去。刘书斌丝毫不怀疑地相信了。

第二天晚上5点多，他们又开车往沙城走，他们还是先在昌平把刘书斌灌醉，刘书斌上车就又睡着了，酒后酣睡的他哪里嗅得到满车杀戮的味道？哪里会知道今夜他将像一只野味一样，被和他生活了多年的女人伙同情人，用猎枪的子弹结束他的生命？走到半路，马子国让陈少元回去，或许他不想自己喜欢的女人看到自己杀她丈夫这样令人毛骨悚然的场面。陈少元觉得不用自己动手就能把心患除掉而过上自己想要的生活，何乐而不为呢，于是就自己回去了。

这一夜，陈少元的心里没有犹豫、愧疚、不安和恐惧，没考虑过自己将失去丈夫、家庭，孩子将失去父亲，公公婆婆将失去儿子的幕幕人间惨剧，却想象着解开镣铐跳舞、放心地投入另一个男人的怀抱放纵生活的图景。在她的心中只有自己而没有别人，只有游戏而没有规则。第二天下午，马子国回来对她说他把刘书斌用猎枪打死并扔到附近的排水沟里了，陈少元满心欢喜，还和马子国一起编造了刘书斌失踪的谎言。此后，陈少元就对外人说刘书斌认识了一个张北的女人并和她跑到张北去了，家中竟无人怀疑、无人报案，陈少元和马子国也庆幸地逃过了法律的惩罚。可怜的刘书斌，就这样在还不知晓自己老婆和情人的奸情的情况下就被他们送到了阴曹地府，成了一个不能瞑目的冤死鬼。

在看守所，陈少元感叹地说："人的欲望永无休止。刚嫁给刘书斌的时候，我一心想着好好过日子。可没想到，自从嫁给他的那天起，我就没有过过几天好日子。婚后的第二年起，我们就很少同房。我多次暗示，甚至主动献身，他都躲着我。我心里直捣鼓，难道他有问题？我很疑惑，也惊恐。有一次，当着他的面，我委屈地哭了，我对他说：我哪里对不住你了，你这么对待我，到底是为什么？你把话说清楚。刘书斌低着头，支支吾吾了半天，突然给我跪下来，呜呜哭了起来：'少元，是我对不起你，我不是个男人。'后来我才明白，原来早年刘书斌在外边太花，在性生活方面接近不行了。当时，我的心都凉透了，我的命咋这么苦啊，让我年纪轻轻地守活寡！从那以后，我觉得刘书斌特窝囊，就是他每次把大把大把的钱交给我，我也不拿眼瞥他一下。刘书斌在外面特威风，回到家里却对我低声下气，有时晚上根本就不敢回家。而这正好给了马子国机会，趁刘书斌不在家，他常常来偷腥。我开始有些担心，万一刘书斌发现了，后果不堪设想。处在这样的境地，我心里矛盾极了，整天提心吊胆的。

陈少元说："'常在河边走，哪能不湿鞋。'我想刘书斌早晚会知道我和马子国的事情，万一他要和我离婚，那我可就啥都没了。为了能合法地占有刘书斌的财产，为了能和马子国名正言顺地在一起，干掉刘书斌是最好的办法。这事办完以后，我怕村里人怀疑，就把看鱼塘的一个外地女孩子解雇了，然后造谣说是刘书斌那个女孩一块儿私奔了。尽管有些人说三道四的，因为没有证据，也就不了了之了。自从刘书斌死后，马子国胆子就更大了，经常赖在我家里吃喝，有时没钱了，伸手就和我要，晚上也经常在我这里过夜。我想，反正我早晚会和他结婚，都快成一家人了，还分什么彼此。守着一座金山，还有马子国这么一个大男人，我想好日子终于让我给盼到了，找个合适的日子就结婚。我怎么也没有想到马子国这小子吃里扒外，他不仅不和他老婆离婚，还拿着我的钱偷偷养了一个小情妇。我明白，马子国这家伙，不过是玩弄我罢了，他真正想得到的，是我手里的钱！我就多留了一个心眼，每次他要钱，我就找理由说没有，更是绝口不提结婚的事。后来马子国急了，说我是'卸磨杀驴'，威胁我说如果不答应他的要求就把那事捅出去，大不了鱼死网破。我没办法，就给了他两万元。没想到他花完后又来要，而且是狮子大张口，竟然和我要十万元！简直要把我气死了，这样下去我倾家荡产也满足不了他啊。那天马子国在饭馆纠缠着和我要那十万元，见我不给想打我，正好是张清泉解了围。我觉得这是老天发慈悲让我和张清泉团圆，就劝说他离婚和我在一起。后来马子国知道了我和张清泉的事急得发疯，说要把我的老底捅出去。眼看我的美梦就要破碎，我只好撺掇张清泉除掉那个该死的马子国……"

正如我们所了解的，陈少元是一个只有初中文化程度的普通女人。1973年，在母亲和姐姐的操办下，19岁的陈少元怀着少女的羞涩和梦想走进了婚姻的殿堂。没有想到，从此开始了一个又一个梦魇般的日子。

后来，陈少元在看守所向我们诉说：

"在接连生下两个女儿后，天真的我才发现，平淡琐碎的生活原来离想象的距离是如此遥远。最令我感到痛苦的是，不仅丈夫刘书斌的脾气日渐增长，待我一天差过一天，而且我发现丈夫竟然在娶我之前还与另一个女人结过婚。甚至婚后，他还常在外拈花惹草。我们离过一次婚，但后来经人劝合又复婚了。慢慢地，小两口吵架打架就成为家常便饭了，每次冲突之后，我的据理力争换来的是他更加疯狂的辱骂与殴打。我那时年轻，越来越觉得自己的忍耐到了极限。"

"备受煎熬的我开始有了以最极端方式来结束婚姻悲剧的念头。在给刘书斌做饭时，我曾经在他喝的菜汤里投下30多片安眠药，也曾经出重金买通了刘书斌姘头的爱人，试图了结他的'狗命'，但后来由于种种原因未能得逞。奇怪的是，刘书斌似乎对这一切有所预感。那一次他喝下含有安眠药的菜汤后，走路都已经跟跟跄跄了，还拉着我一起去邻居家串门，还叫嚷着对邻居们说：'我媳妇想用药毒死我，还想雇人杀我，我早知道。'惊得我出了一身冷汗。"

32岁之前，陈少元一直务农，因为在农村里接触的人很少，在相对封闭的环境里，她还是能够恪守妇道的。直到 1986 年遇到张清泉。张清泉比她大 3 岁，人高马大，身材魁梧，外表看起来也比刘书斌要顺眼多了。两个人本该各走各的生活轨道，经营各自的事业和家庭，但婚姻都有点不如意、工作又都马马虎虎的他们，时常在其他的异性目光里找寻闪烁的眼神，以期为飘摇的身心寻找到寄托，更希望婚外能有一种不用负责任的激情，填补他们平淡生活中心灵肉体每一个空虚的角落。于是，两人在彼此暧昧的眼神中达成了默契。

很快他们成了情人，这让他们曾如白开水的生活一下子变得有滋有味了。这种关系持续了两三年，后来，张清泉的老婆有所察觉，两个人又都没有各自离婚然后结合在一起的真情实意，毕竟他们不像真正恋爱的男女那样大部分是感情因素，他们之间的欲望之火散尽之后，恢复了最初的平静。为了不让各自的家庭破碎，1989 年两个人的关系渐渐冷却，彼此没什么联系了。两个人的心暂时都回归到了各自的爱人孩子身边。

揭开谜底之三：日久生厌，狠心女人唆使情夫杀情夫

刘书斌死后，马子国自然而然地成了陈少元家的常客，他到陈少元家就像到自己家一样。可厮守时间长了，两人也常因一些琐事产生矛盾，就像朝夕相处的夫妻一样，这本是正常的。马子国被激怒时曾威胁陈少元说："你要不和我好了，我就把你杀夫的事情说出去，谁都别想好过了。"马子国有口无心的一句话让陈少元的心中弥漫了阴影，从此马子国成了陈少元心头又一个祸患，潜意识里逐渐滋生了除掉马子国的想法。杀死自己丈夫的事情多年来没有败露，她曾经暗暗得意自己的高明，这一次她胆子更大了。此后陈少元和马子国的日子过得越来越不开心，这时精神空虚的陈少元想起了在饭馆里偶然相遇的老情人张清泉。

2000 年 5 月的一天，张清泉给陈少元打电话，他告诉陈少元自己妻子在顺义养殖场搞养殖，不常回家。陈少元心领神会，就来到顺义的张清泉家。陈少元也不失时机向他诉说自己和丈夫的婚姻是父母包办，丈夫对她不好，现在和别的女人跑到张北去了，她动情地说只有和张清泉在一起时才感觉得到幸福。这话真是说到张清泉的心坎里了，他再次强调他媳妇在顺义养殖场，和他感情不好，也不常回家。各有所需，又有机可乘，两人就像分别已久的恋人，轻车熟路地燃起昔日的激情，恢复了以前那种不正当的关系。

两个人频频约会，张家成了他们鬼混的场所。此时的张清泉以为找到了幸福，却不知陈少元的脚还踏在另一只船上。2000年夏天，张清泉对陈少元说想和她结婚，陈少元便问他能否离婚，张清泉说可以，但房子不能归她。陈少元告诉张清泉，自己家的房子快拆迁了，能补偿一百多万，足够买房子了，不用张清泉的房子。

这个心肠狠毒的女人倒不图男人的物质，自己还很大方，看来她为了自己的享受是不惜一切代价的。张清泉说："那就结婚吧。"陈少元假装面有难色，摆出一副欲言又止、万般惆怅的样子，张清泉忙问怎么回事，陈少元万分诚恳地又万种柔情地对他说她很想和他结婚，可是不能，因为有块石头挡着他们结婚的路，必须把这块石头搬开才行，否则他们就只能永远这样偷偷摸摸下去了。她告诉张清泉有个名叫马子国的男人纠缠她，不让她结婚也不让她和别人好，她还告诉张清泉，她之所以怕他干涉是因为她有把柄在马子国的手里，张清泉自然想知道是什么把柄，可陈少元说只有他把马子国杀了才会告诉他。

被欲望冲昏头脑的张清泉未加思考地说："那就杀了他！"张清泉说这话就像说杀一头猪那样痛快而无所谓。这正中陈少元下怀，她正想杀人灭口呢！他们俩商量好让张清泉见马子国一面，认清楚后好下手杀人。之后的一天，陈少元以自己要买张清泉家的房子为由，把马子国骗到顺义张清泉家看房，这样他俩就认识了。张清泉当时就想整死马子国，但陈少元怕引起别人的怀疑，那次没敢让他下手。马子国的有生之日也因此增加了几个月。

看房后，他们又商量起了杀死马子国的事，就像当年陈少元和马子国商量杀她的丈夫刘书斌一样。而此时的马子国也如当年陈少元的丈夫一样。他们决定用张清泉的三轮摩托车撞死马子国，并定于2000年7月8日在陈少元过生日的时候，让马子国来她家吃饭，然后张清泉在马子国回家时的必经之路——后屯学校门口用三轮摩托车撞死他。

7月8日晚上9点，陈少元和马子国一起在外面吃晚饭，吃完饭后他们分头回家，陈少元立刻给张清泉打电话，告诉他他们吃完饭回来了，让他赶快过去行动。张清泉拿上锤子开了摩托车到后屯学校门口等候。

9点30分左右，张清泉看见马子国骑着自行车从陈少元家出来，便开着摩托车迎面向马子国撞去，马子国被撞倒在地后坐起来了骂了他一句，张清泉过去用锤子打他的头，可这时锤子柄断了，没使上劲，张清泉连忙逃跑，马子国免于一死。

这次行动失败后,张清泉把作案用的三轮摩托车烧了,还听从陈少元的劝告到张北躲了几天。马子国痊愈后也没怀疑是张清泉干的,因为当时他没看清张清泉,他也没想到会是张清泉,就如当时陈少元的丈夫没对自己起什么疑心一样。看来一起生活了这么久,他还没认清陈少元这个女人的心有多么狠毒,不但杀了和她没有感情的丈夫,还要对他这个多年的情人下毒手。

在张北待了四天后,没有什么风声,张清泉又回来了,他们继续商量着干掉马子国的策略。因为摩托车一下子撞不死人,两人决定改用汽车撞死马子国。他们花了9000元买了一辆蓝色的二手130汽车。10月中旬的一天,陈少元和张清泉商量好,让陈清泉还是在后屯学校门口马子国回家的必经之路,等马子国从她家出来时将他撞死。当天晚上马子国在陈少元家吃饭,9点多钟他走时,陈少元给张清泉打了传呼了告知"请速回家",这是他们事先定好的暗号,意思是马子国出门了,让张清泉做好准备,可这次他又没得手,马子国机灵地躲开了,然后还报了案。马子国感觉到了有人要故意撞他,可他依然没有多想这是因为什么,也未多作防备,未能抓住挽回自己生命的机会。

汽车撞人失败后,他们把车退给了卖主,决定再改用摩托车。11月初,张清泉拿着陈少元给的1000元钱买了辆摩托车,还预备好了家伙准备撞完后再打马子国的后脑勺。11月30日晚上,陈少元告诉张清泉赶紧行动,因为马子国要开出租车,以后没机会了。陈少元除掉马子国的心是如此坚决,从未动摇过,就像当年杀自己的丈夫一样坚决。

12月13日晚上7点多,马子国到陈少元家聊天,陈少元便偷着给张清泉打电话,告诉他马子国在她家,并让张清泉9点30分以前到。张清泉准备了一根一米长的钢管和一把菜刀出发了,路过陈少元家门口时,他看到这个蛇蝎之心的女人在冲他笑着,这种笑竟令老男人张清泉汗毛陡起,他惊叹身边的这个女人做"大事"时,竟然如此地从容、镇定。

将近晚上10点,马子国从陈少元家里出来,他虽然感觉最近有人要故意撞他,可他那愚钝的大脑从未把这几次被车撞过的事情加以联系,更未想到他的"相好"已像厌倦她的丈夫一样厌倦了他,并要他像她的丈夫一样从世界上消失。所以他逃过了这一难,却无法躲过下一个劫数,或许这也是老天给他的报应,以安抚黄泉下面的刘书斌吧。张清泉冲着骑车过来的马子国迎上去,趁其不备,用钢管将其打倒在地,接着又拼命在他头上打了四五下,张清泉估计马子国必死无疑，便把钢管放到摩托车上，开车到潘庄村西南角的路口，把钢管和菜刀扔到路中央，把摩托车推倒在路边，然后步行到小营环岛，打车回了顺义。

马子国终没逃过被杀戮的劫难，陈少元也没再像上次和马子国杀刘书斌之后那样侥幸，事发不久，她和张清泉便被法律的绳索缚住，生命的大门即将在他们面前关闭。

最后的"约会"：奸夫淫妇法庭相见

2002年8月13日上午10时许，北京市第一中级人民法院西中法庭里响起清脆的脚镣声。48岁的陈少元与她51岁的情人张清泉，在这个特殊的地方完成也许是他们今生最后的一次"约会"。

对于这桩轰动京城的情杀案，法院选择了不公开审理。走进法庭的陈少元头发斑白，神色悲戚，与半年多前刚入狱时已判若两人，但依稀可见年轻时候的丰韵。

法院认为，被告人陈少元、张清泉故意非法剥夺他人生命，被告人陈少元致二人死亡，被告人张清泉致一人死亡，其行为均已构成故意杀人罪，犯罪情节、手段恶劣，后果特别严重，依法应予惩处。被告人陈少元在公安机关虽坦白交代故意杀害刘书斌的情节，但其所犯罪行极其严重，不予从轻处罚。法院依法以故意杀人罪判处陈少元、张清泉死刑，剥夺政治权利终身。

宣判后，被告人陈少元和张清泉均以量刑过重为由提出上诉。在法官宣布对二人处以极刑时，一直低着头的陈少元开始默默地哭泣，倒是旁边的张清泉显得镇定坦然，就像审判结束他告诉笔者的那样——"我知道早晚会有这一天，我并不后悔！"

审视：让自私的灵魂重新解读人性方程

陈少元本以为她所做的一切都天衣无缝，可"机关算尽太聪明，反误了卿卿性命"。是什么将她推下了罪恶的悬崖？

首先，陈少元对生活的态度出了问题。为了欲，她让情人杀死丈夫；为了欲，她让旧情人杀死新情人……利欲让她变成了蛇蝎心肠！

其次，陈少元的生活环境对她的堕落起了推波助澜的作用。刘书斌的花心与暴力，张清泉的抛弃，马子国的背叛，就像一根根勒在陈少元脖子上的绳索，一圈紧似一圈……终于绞死了拼命挣扎的陈少元！

人生的剧幕落下了，悲剧结束了，而最可悲的是，所有这一切却都是在"追求幸福生活"的幌子下进行的。

几个活了大半辈子的人，何以在青春远逝之后还能把生命的重心倾斜在没完没了的婚外情上？甚至仅仅因为感情不好就谋划杀害与自己有过肌肤之亲的两个男人？哪个家庭没有矛盾？哪种长久的感情不是因彼此的宽容和理解才能一直走下去？不爱了就结束一个人的生命？爱没了就什么感情都消失了？朝夕相处、耳鬓厮磨后竟没给她留下一点温暖的回忆？我真的怀疑陈少元究竟是不是一个人。因为人的感情应该是有惯性的，可她却随时都能刹住感情的闸，没有半点藕断丝连。而两个生活了大半辈子的男人却像是没有思维的傀儡，一个女人一句挑拨杀人的话便让他们血冲脑门、无所顾虑。

我们真希望那些凡事只顾自己感受的、不为别人着想的自私的灵魂，能在看过此案后作深刻的思考：每个人都有欲望，满足自己的各种欲望是每个人的追求，但这种追求一定要建立在不损害他人身心和整个社会利益的基础之上，否则你得到的一切都会像天空划过的流星，很快便不再属于你，而付出的代价却是惨重的，甚至包括你的生命。另外，一定要走出这样一个心理误区：有人认为花些心思损害别人的利益，得到自己不该得的东西是最聪明的人，我们却觉得世界上最聪明的人是那些奉公守法，遵从伦理道德和法律规则去生活的人。

但愿这个案件能让那些自私的灵魂重新解读人性方程，更希望人间能少一些这样的惨剧！

12

"完美"情杀，空姐雇凶杀男友

有句话是这么说的："婚姻的结合要求夫妻双方都要忠实，忠实是一切权利中最神圣的权利。"遗憾的是，作为一种社会现象，婚外情始终是许多夫妻关系中绕不过去的坎儿。在这里，我们不想对这种现象本身作道德和法律上的评判，因为最初引起我们对这个话题的关注的原因，并不在于陷入这种情况的个体的情感困境，而是在于这种纠葛酿成的悲剧结局，以及这种不负责任的放纵给整个社会带来的负面影响。在婚姻家庭生活中，他们得到了美满的姻缘，却进入了婚姻的坟墓；他们认为从此得到了解脱，却进入了永远的监牢⋯⋯

　　王云晴，女，1968年11月25日生人，某航空公司空姐。2002年10月，北京市某中级人民法院以故意杀人罪一审判处其死刑缓期执行。

　　空姐，在常人的眼中是那么的温柔美丽，怎么会成为故意杀人的罪犯？在检察系统工作的这些年中，我们很少接到空姐犯罪的卷宗。也正因为如此，翻阅着眼前的这份记录时，我们深感意外，空姐王云晴怎会犯下如此暴力的罪行呢？

　　也许正在服刑的她能解开我们心中的疑惑。2004年8月初的一天，我们驱车来到了王云晴服刑的监狱。刚一接触到她，我们就很自然地看了看她的双眼，那是一双明丽的眼睛，尽管牢狱生活与痛苦的感情经历使这双眼睛蒙上了忧郁与悔恨，但依然是那么的明丽。

　　王云晴流着泪说："我知道自己在感情上很傻，我很后悔认识陈援庆。杀了他，我心理只是找到了一点点平衡，可是我毁掉了自己的后半生⋯⋯"

　　透过王云晴泣血的悔述和尚未尘封的卷宗，我仿佛看到了她走向牢狱的痛苦过程⋯⋯

迷恋：原以为找到了爱的归宿

王云晴出生在一个革命军人家庭，母亲是老师。初中毕业以后，由于身体不好，王云晴便没有继续读高中，在家待业一年。她长得虽然称不上绝代佳人，但也颇有几分姿色。因此，凭其自身条件和少女独有的天赋，王云晴于1985年考上了北京某航空公司的空姐，后来与机场包机办公室的章某相识、相恋。结婚以后，王云晴便调到了该航空公司的售票处工作。

1998年7月，王云晴的一位朋友找到她，想托她买一张半价飞机票。尽管王云晴在售票处工作，但她不可能有售半价票的权力。于是，她抱着试一试的想法找到了正管这事且久闻其名的陈援庆。王云晴把情况一说，没想到陈援庆一口答应，并让她晚上6点钟到中土大厦取票。王云晴欣喜之情溢于言表。

从那次以后，两人的接触逐渐多了起来，而且互留了联系方式。为了表达谢意，几天后王云晴主动邀请陈援庆吃饭。饭是吃了，但处世老到的陈援庆岂肯让女士付款结账呢？后来两人的关系越来越亲密，有时一起吃饭，有时一起去商场购物，有时还一起去公园玩儿。在与陈援庆的接触中，王云晴感到他很会关心人，而且具有中年男子特有的魅力，特别是了解到陈援庆早已离婚的情况后，王云晴的心里起了不小的波澜。

应该说，陈援庆青少年时期是一帆风顺的。1959年8月，陈援庆出生于长春市一个普通工人家庭，高中毕业以后应征入伍来到了北京，在部队不仅受到了很好的教育和锻炼，而且入了党、上了大学、提了干，后来在空军某部任参谋。1996年，陈援庆调入该航空公司管理委员会办公室工作，负责联航飞机的宏观调度和联航优惠票的具体办理工作。虽然陈援庆性格有些内向，平时和同事们很少交流，但他为人忠厚，乐于助人，所以群众关系很好。后来经人介绍，他与北京铁路局所属某单位出纳员方女士相识、相恋，并于1985年10月喜结良缘。不到30岁，陈援庆就已经事业有成，宝贝女儿的出世，更给这个小家庭带来了无比的欢乐。

陈援庆兄弟姊妹三人，他排行老大，是个孝子。1992年父母退休以后不久，他就把两位老人接到了北京，同他们一起居住。开始一家人相处得还十分融洽，时间一长，作为儿媳的方女士在处理老人和孩子的问题上，天平难免失衡，时间一长，矛盾也随之而来。

开始陈援庆像个灭火队员，劝了这边劝那边，但是收效甚微。时间长了，他的心里产生了一种感觉，认为妻子对孩子照顾有余，对父母孝敬不足，为此两人便产生了矛盾。后来，在北京某眼镜公司工作的钱女士闯入了陈援庆的生活，1996年底，两人由相识发展到了恋爱关系，这无疑便加速了方、陈家庭的破裂，后来陈援庆便与结发妻子方女士离了婚。有句话说得好，当你占有它的时候，往往不会觉得怎么样，可是当你失去它了，就会觉得其珍贵了，在感情和婚姻问题上大概也是如此吧。在与钱女士交往过程中，陈援庆难免把她同前妻相比较，特别是看到钱女士的孩子，就会加倍地勾起他对自己那宝贝女儿的思念。1998年9月，他与钱女士分手了。

如果这时陈援庆迷途知返，与和他感情颇深的前妻复婚，悲剧也就不可能发生。然而，王云晴恰恰在这时闯进了陈援庆的生活。

每当看到既洒脱又稳重的陈援庆，想起平时丈夫对待自己的态度，王云晴心里常常会产生一种异样的感觉。王云晴的丈夫章某，由于近年来工作一直不顺心，回到家里常发脾气，弄得家无宁日，王云晴经常赌气跑回娘家住，久而久之，两人的矛盾越来越深。这事她也和陈援庆聊过，陈援庆劝她干脆离婚得了。每当和陈援庆单独在一起的时候，王云晴就觉得心里很踏实。后来她发现自己已经深深地爱上了他。陈援庆自然也喜欢上了小他近10岁的王云晴，两人在一起，似乎总有说不完的话。与陈援庆的相识，无疑对王云晴的家庭解体起到了催化作用。1998年9月，王云晴与陈援庆正式确立了"恋爱"关系。两个月后，王云晴与丈夫离了婚。

王云晴与丈夫离婚以后，同陈援庆的感情不断升温，不久他们便住到了一起。开始，他们住在单位分给王云晴的一套楼房里，两人一起上班，下班后陈援庆开车接上王云晴回到他们的小巢，俨然一对新婚夫妻。王云晴躺在陈援庆的怀里，依着那宽阔健壮的身躯，真的有些陶醉了。两人在一起度过了将近半年的美好时光。

阴霾：子女债、婆媳怨纠缠不清，同居生活出现危机

也许是两人在一起时间长了，彼此的新鲜感消失了；又或者是因为他们的住

地距离工作单位太远,不方便;再或者是想在父母面前尽点孝心,在子女面前承担一些责任……两人毕竟都不是初婚,尽管离婚后两人的孩子都归另一方抚养,但骨肉之情难以割舍。总之,现实生活使得他们两人不可能永远单独在一起。后来,他们便搬到了离两人上班近一点的陈援庆的那套住房,与陈援庆的父母一起生活。

王云晴虽然和陈援庆还没有正式办理结婚手续,但在她的心里,认定了这是早晚的事。因此,她在家里竭尽主妇之能,每天下班后,做饭、洗衣服忙个不停,以便讨得未来的丈夫欢心。在这段时间里,陈援庆自然也是心满意足。1999年7月,陈援庆的母亲患胃病,陈援庆和王云晴带着老人寻医问药,里里外外忙个不停。最后经解放军总医院确诊老人患的是胃癌,并约定9月份住院做手术。这对孝顺的陈援庆的打击之大可想而知。

王云晴的女儿正在小学读书,尽管离婚时孩子判给了男方抚养,但她总觉得在家庭问题上,自己有愧于女儿。前不久,她曾向女儿许诺,放假之后带女儿出去玩几天,然而学校放假后又遇到陈援庆家里出了这事,也就没顾上。

到了8月底,女儿给她打电话,问:"妈妈你不是说放假之后带我出去玩儿几天吗?现在学校都快开学了,你什么时间带我去呀?"女儿的话说得王云晴心里一阵难受。她寻思,陈援庆的母亲9月份才能做手术,现在正好有空闲。晚上回家以后,她便同陈援庆商量,想约几个朋友一起带孩子到北戴河玩两天。

陈援庆一听心里就很不高兴,说:"现在我妈病成这样,你还有心带孩子出去玩儿?"

王云晴告诉他:"我早答应女儿要带她去玩,前段时间没顾上,你妈9月份才能做手术,现在又没事,何况我去两天就回来了。"

"你非去不可?"陈援庆问。

"非去不可。"王云晴赌着气说。

看到王云晴的坚决的态度,陈援庆甩了一句:"那你就去吧。"

应该说陈援庆和王云晴相处一年来,彼此感情还是不错的,但这事难免也在各自的心里留下了一个阴影。

报复：难堪分手的要求，她决意让他尝尝厉害

转眼到了9月中旬，陈援庆的母亲在解放军总医院住院并顺利地做完了胃切除手术。一天晚上，王云晴正在病房里陪着陈援庆的母亲说话，陈援庆风风火火地从外面进来，和母亲说了几句话，又对王云晴说："你出来一下，我有话对你说。"两人来到病房外的花园里，王云晴诧异地看着陈援庆。

陈援庆说："咱们分手吧！"

"为什么？"王云晴听了不免一惊，"你是不是又有别的女人了？"王云晴这时并不知道，陈援庆确实又交了一个女朋友，是空军某部门的干部，两人计划在2000年春节后结婚。但陈援庆却说没有。

"那是为什么？"王云晴问。

"你只顾照你的孩子，不知道照顾我父母，咱们两人性格也不和。"

"当时咱们谈好了的，要管孩子。"王云晴说着，眼泪已经夺眶而出。

"咱们分手后，你可以好好去照顾孩子了。"陈援庆狠狠地说。

看到陈援庆那坚决的态度，王云晴哭着跑出了医院。

这时已经晚上11点了，没有公共汽车了，王云晴哭着打通了前夫章某的电话，章某开车把她送回了家，守护了一夜。

王云晴和陈援庆在一个系统工作，由于工作关系，两人不可能没有来往，陈援庆也曾专门给王云晴打电话，告诉她虽然分手了，以后有事还可以尽管找他，他还会全力帮忙。但是同陈援庆分手后，王云晴情绪低落到了极点，一个星期，人竟瘦了好几斤。想到和陈援庆接触已经一年了，为了他，她把自己的家都毁了，况且单位里的人都知道自己在和陈援庆搞对象，而且一直同居。如果吹了，今后怎么做人呢？王云晴感到陈援庆过去是在欺骗自己，仇恨油然而生。

一段时间内，王云晴似乎变了一个人，少言寡语。这时她只有一个念头，在单位附近找一间房子，带着女儿好好过日子。为此，她托了不少过去的朋友，其中包括驻京空军某医院的助理员孙刚。孙刚和王云晴的父亲在一个单位工作，过去常到王云晴工作的联航售票处买飞机票，所以两人几年前就认识了，只是没有过多的交往。1999年10月初，孙刚的父母要回浙江老家，他便找到了王云晴，想托她给弄三张免费机票，王云晴通过陈援庆帮成了这个忙。为了表示谢意，一天中午，孙刚请王云晴到单位附近的一家餐馆吃饭。吃饭过程中，王云晴显得心

事重重，孙刚关切地问她是不是有什么心事，王云晴便把自己如何离婚、如何被陈援庆甩了这件事告诉了孙刚。孙刚听了非常生气，也把自己同爱人感情不和，已经分居好长时间了，另外也有一个女朋友，想和爱人离婚的事告诉了王云晴。可能是同病相怜，两人的感情似乎更近了。

男人在女人面前，尤其是在漂亮女人面前总是喜欢表现得强大些。孙刚说："我找几个哥们儿把陈援庆打一顿给你出出气。""打他一顿有什么用，他肯定猜到是我找人干的。"王云晴犹豫着。

两个人吃完饭以后，都回单位上班去了，这天晚上，王云晴想了很多很多，想着想着，一个报复计划在她心里产生了。第二天上班她便给孙刚打电话，说："你在医院工作，能不能帮我弄些肝炎疫苗？"

"你要肝炎疫苗干什么用？"孙刚问。"让陈援庆吃了好得病。"王云晴说。"肝炎疫苗医院管得很严，弄不到，还是我找几个人打他一顿吧，就跟平时打架一样，他不会猜到你的。"

王云晴感到打陈援庆一顿似乎解不下心头之恨，后来两个人商定，由孙刚找人把陈援庆的膝盖骨打碎致其残废。王云晴负责提供陈援庆的活动情况。

悲哀：雇凶杀人，佣金竟然要被害人付

过了没几天，一个晚上，孙刚来到王云晴的家，告诉她人已经找好了，不过得给他们8万元钱。"要这么多钱？"王云晴有点犹豫。

孙刚告诉她，现在干什么都得要钱。这时，一个奇怪的想法在王云晴的脑子里产生了，她想，自己现在也没有这么多钱，干脆去找陈援庆借，如果他肯借，就是他命中注定要遭报应。

第二天，王云晴便给陈援庆打电话，告诉他自己炒股急需要7万元钱，想向他借。也可能是陈援庆觉得欠了王云晴的情，他竟欣然同意了。第二天一上班，7万元现金便送到了王云晴的办公室，当时陈援庆还半开玩笑地说："挣了钱别忘了分我一点啊。"当王云晴把7万元钱交给孙刚时，孙刚问她怎么还差1万元，王云晴告诉他，现在手头只有这7万元，于是便给孙刚打了一个"欠住院费1万元"的欠条。

10月下旬的一天，王云晴听说陈援庆要来售票处买机票，就马上打电话约

来孙刚，让他认一下陈援庆，并把陈援庆的车牌号、车型等信息告诉了孙刚。不久，王云晴又两次开车带孙刚沿着陈援庆每天回家的行车路线去陈援庆居住的小区踩点。

孙刚跟着王云晴认人、踩点以后，很快就找到了报复计划的实施者——原来在武警部队服役、退役后在京打工的张长有和张建设。10月底的一天晚上，孙刚邀请张长有和张建设在一家餐馆里吃饭。举杯推盏当中，孙刚把王云晴和陈援庆的事告诉了他俩，并告诉他们王云晴是他的"傍肩儿"，三人关系很好，请他俩帮忙把陈援庆的膝盖骨打碎致其伤残，并许诺事成之后每人给他们1万元钱，然后离开北京。张长有和张建设满口答应。于是孙刚便多次带领二张去陈援庆居住的小区踩点、认人、认车，并了解陈援庆上下班的规律。在这期间，张长有准备了一把锤子，张建设准备了一把短刀。

后来，王云晴多次打电话给孙刚，催问事情办得怎么样了。孙刚告诉王云晴，他去了好几次，可是陈援庆一下班就回家，正是高峰期，不好下手。

11月29日下午5点多钟，王云晴下班后正在菜市场买菜，陈援庆打通了王云晴的手机，让她晚上9点多钟与他联系，有事要找她。

放下陈援庆的电话，王云晴马上联系孙刚，并告诉他，陈援庆晚上9点多钟要到她这来，让孙做好准备。得到这一信息后，孙刚马上通知二张，带上工具到六里桥，准备晚上行动。晚上6点多钟，孙刚和二张一起来到莲花桥南边、陈援庆家附近的一个餐馆吃饭。三人一边吃饭一边商量起具体的实施方案，并作了明确分工：孙刚在莲花桥上观察情况，看到陈援庆的车开过来以后，马上通知二张，二张埋伏在从三环路到陈援庆住地的一条小路旁，待陈援庆开车过来以后，二张装作在马路上打架，迫使陈援庆停车。

当天晚上9点多钟，王云晴联系上了陈援庆，不一会儿，陈援庆告诉王云晴把她放在他家的鞋给送来了，让王云晴下楼。王云晴顺手拿起一个桃，下楼给了陈援庆，拿到自己的鞋上楼后，她马上通知孙刚，告诉他陈援庆已经从自己家出来，让他们做好准备。接到王云晴的电话孙刚又告知早已埋伏好的二张……

2001年11月29日晚上10点，陈援庆驾驶着他那辆绿色吉普车行驶在夜幕笼罩下的三环路上，过了莲花桥向西一拐，眼看就要到家了。这时，透过昏暗的路灯，他隐约看到前方不远处有两个年轻小伙子似乎在打架，他下意识地点了一脚刹车，减慢了车速。看到他的车开过来，两个小伙子前赶后追向他这边跑来，跑到离车不远处,只见后边的小伙子举起手中的一块半截砖头,砸向了吉普车的风挡玻璃。陈援庆从车上跳下来,呵斥道:"你们干什么呢!"

"我们打架呢。"砸他车的小伙子说。

"你们打架为什么砸我的车?"

"砸坏了我给你修。"

"不行,把你们的证件拿出来,和我一起到派出所去。"陈援庆说着,抓住了砸他车的小伙子。

"别动!"另一个小伙子左手搂住陈援庆的脖子,右手用刀顶住了他。

陈援庆感到事情不妙,大喊着:"快来人啊!快来人啊!"然后猛地从那人手里挣脱开,向西跑去,那两个人紧追不舍。

真是慌不择路,陈援庆一脚踩在一个树坑里摔倒了,爬起来正要跑时,已经晚了,那两人追上来,刀捅锤子砸,没几下,陈援庆便倒在了地上,再也没有爬起来。

警方经过几昼夜的奋战,很快将其中一名凶手和幕后策划者抓获。死去的陈援庆万万想不到的是,杀害他的两名凶手,竟是受雇于当过空姐、现为售票员、曾经与他相恋一年的王云晴,而且佣金还是出自他自己的腰包!

爱情难免充满遗憾:有些遗憾体现在,并不是每个人都那么幸运,能找到适合自己的人;更为遗憾的是,即便是面对适合自己的人,有些人也并不会珍惜,而是把目光瞄向并不确定的对象。

爱情往往是自私的,至于如何处理已经褪色甚至死亡的爱情,仍然是见仁见智。

但是为爱而违法犯罪,尽管看似有那么一点点让人同情的成分,但说到底,还是害人又害己的万丈深渊。